# NEUROCIENCIA APLICADA AL BÁDMINTON

Concepto y 100 tareas para su entrenamiento

Grupo IAFIDES

**Título**: NEUROCIENCIA APLICADA AL BÁDMINTON. CONCEPTO Y 100 TAREAS PARA SU ENTRENAMIENTO (VERSIÓN EDICIÓN COLOR)
**Autor**: GRUPO IAFIDES
**Corrección del texto:** MANUELA CASTILLO SOLER

**Editorial:** WANCEULEN EDITORIAL
**Sello Editorial:** WANCEULEN EDITORIAL DEPORTIVA

**ISBN (Papel versión blanco y negro)):** 978-84-18831-12-6
**ISBN (Papel versión color):** 978-84-18831-13-3
**ISBN (Ebook):** 978-84-18831-14-0

**DEPÓSITO LEGAL:** SE 914-2021

Impreso en España. 2021

WANCEULEN S.L.
C/ Cristo del Desamparo y Abandono, 56 - 41006 Sevilla
Dirección web: www.wanceuleneditorial.com y www.wanceulen.com
Email: info@wanceuleneditorial.com

# ÍNDICE

# INTRODUCCIÓN

"La neurociencia deportiva es práctica, tiene que ver con los focos de atención, los tiempos de retención, como manejar el estrés... es algo experimental"

El neurocientífico e investigador Fabricio Ballarini habla de que "las investigaciones de neurociencia nos dicen que recordamos y sabemos de los eventos novedosos, los que interrumpen la rutina" ... "hay que educar al cerebro".

La neurociencia es un área científica que estudia del sistema nervioso en todo su ámbito. La neuroeducación es la aplicación de la neurociencia al aprendizaje y estudia cómo funciona el sistema nervioso cuando aprendemos. La neurociencia educativa estudia el proceso por el que nuestro cerebro aprende basándose en la genética, el entorno y la experiencia, junto con los procesos cognitivos y emociones y, además, estudia qué sentimientos influyen en el aprendizaje.

Hay una tendencia educativa muy fuerte afianzada en estos conceptos y cada día se ve más reflejada en la enseñanza del deporte, aunque que mal entendida puede llevar a errores y a no conseguir los resultados pretendidos.

El proceso de la toma de decisión es:

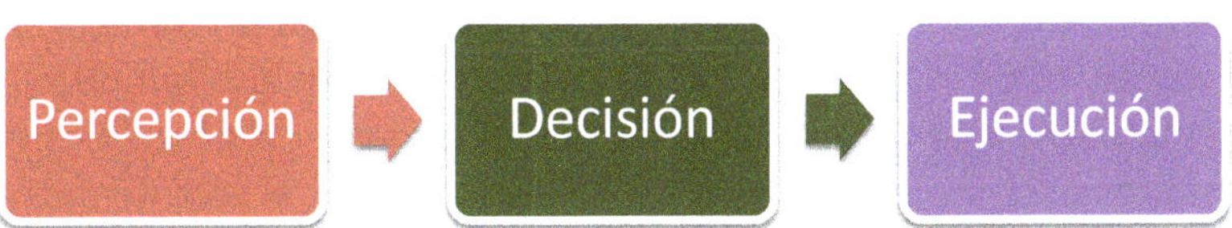


Pero en deportes como el bádminton, en el que se resuelven muchas acciones, la realidad es cambiante y el jugador/a está sometido a estrés competitivo en su desarrollo y aprendizaje (aparecen la testosterona y el cortisol) y el mecanismo de nuestro cerebro tiene que responder a las distintas situaciones sin posibilidad de pensar cuál es la mejor solución. La experiencia y el control de las emociones hará que el mecanismo sea:

Entenderemos por estímulo la percepción de lo que está sucediendo usando los sentidos para decidir con mayor pericia, pero sin la posibilidad de reflexionar para dar una respuesta.

El foco de atención hay que ponerlo en lo importante y ser selectivo, esa capacidad es importante para el desarrollo de los jugadores.

Para desarrollar la neuroplasticidad se necesita de distintos tipos de memoria:

- Memoria declarativa: capacidad de recordar eventos, números, estímulos sensoriales y relatorios.
- Memoria de procedimiento: capacidad de ejecutar acciones motoras complejas aprendidas con anterioridad.

Los jugadores tienen que buscar desarrollar una inteligencia resolutiva durante sus entrenamientos.

En cualquier ámbito de la vida, cuando se falla en una situación, se repite una y otra vez hasta que salga bien, mejorando la ejecución o algún aspecto que creamos haber fallado para alcanzar la excelencia de lo planteado. Ahora bien, en un partido de bádminton las situaciones no se repiten en el tiempo. En cada partido nos enfrentamos a un rival distinto, con unas características distintas, con unas habilidades distintas, nuestro estado no es el mismo y el resultado tampoco, por ejemplo. Un jugador está constantemente tomando decisiones ante distintos escenarios: el rival mas cerca o mas lejos, el volante mas alta o mas baja, mas fuerte o más débil... Hasta la ejecución de un saque, que puede ser la más aislada o repetitiva en el tiempo durante los partidos, es una acción que cambia según el rival que tenga enfrente, el resultado del partido, el minuto de partido, si es el primero que ejecuta o ya ha ejecutado otros durante el mismo, si el rival los ha contrarrestado o no... No existen dos saques iguales. La clave del aprendizaje es que puedo aprender de los errores que cometa, para no volver a cometerlos y, cuando me encuentre con una situación "igual", el conocimiento y la habilidad que tenga para descartar los estímulos que no tengan trascendencia y para identificar los que puedan influir hará que consiga el resultado pretendido.

Entonces... ¿cómo entrenamos a los jugadores? Si haga lo que haga nunca voy a poder simular lo que va a pasar en el partido...

Cualquier acción requiere una interpretación de lo que está sucediendo, pero no puede ser reflexiva. No existe tiempo para valorar. Si el jugador se para a reflexionar y a valorar perderá cualquier tipo de ventaja que pueda tener ante una situación. Los entrenadores tenemos que darles herramientas para que su ejecución sea eficaz y para que el jugador sea eficiente. Digo eficaz, porque los puntos valen de igual manera de revés que de volea. Y tiene que ser eficaz técnicamente (buena ejecución) y eficiente tácticamente (conseguir el objetivo pretendido).

El jugador tiene que estar en condiciones óptimas para competir y poder rendir durante los partidos. Si un jugador falla un golpeo en un partido no sólo tiene que ser porque sea malo técnicamente o porque no lo haya ejecutado bien; puede ser porque se puso nervioso ante la presión del resultado y se precipitó, porque no usó el tipo de golpeo adecuado para mandar el volante dónde quería, porque el rival se adelantó a su golpeo para anticiparse al volante, porque eligió mal la parte de la raqueta con la que realizar el golpeo...

¿Cómo corregimos esto?

Parar a los dos jugadores en una simulación de la acción en la que se le explique al jugador en cuestión cómo o dónde tenía que haber ejecutado el golpeo se considera una pérdida de tiempo y de energías que no producirá ninguna mejora en el jugador ni en su juego. Hay que darle un feedback rápido y conciso y seguir con lo siguiente. Igualmente, después de esto, poner a un jugador enfrente de otro (vis a vis) y hacer un alto número de repeticiones de golpeos para la corrección de lo sucedido para buscar una mejora del juego sigue siendo poco útil. Las situaciones rutinarias se olvidan.

Se aprende a golpear equivocándonos en el golpeo, y golpeando una y otra vez en distintas situaciones, lo importante no es que el golpeo esté bien ejecutado en cuanto a unos patrones de ejecución del gesto técnico (que es lo que queríamos), lo importante es que, cuando lo falle, recupere pronto la iniciativa para poder tener otra posibilidad de golpear el volante y conseguir que llegue al campo rival en condiciones que el contrario no pueda devolverla y, si lo hace, lo haga en condiciones ventajosas para poder devolverlo de nuevo con ventaja, por ejemplo.

Entonces, tenemos que preparar al jugador para que sea capaz de resolver todas las acciones del juego, porque a lo mejor lo que estuvo mal ("con el periódico del lunes") no es el golpeo, sino que no debió elegir otra zona para enviar el volante, dejar que el volante se elevara para que el rival se hubiera desplazado y golpear cuando se moviera a otro lugar, creyó que el rival se iba a mover y no se movió, debió imprimir mayor fuerza al golpeo ... con lo cual, tenemos que preparar a los jugadores para que sean capaces de resolver las situaciones del partido.

La tendencia para corregir un error es aislarlo y trabajarlo de manera aislada para la mejora del rendimiento, pero la experiencia y el entendimiento del juego como una realidad cambiante hace pensar que nos acerca más al error porque no produce una mejora en el juego, produce una mejora de una acción aislada, que nunca más se volverá a repetir durante la vida deportiva del jugador en las mismas condiciones.

En etapas de formación nos gusta enseñarles a los jóvenes jugadores cómo es el golpeo para la ejecución del saque y hacer esa demostración *"que saca a relucir esa calidad técnica que tenemos todos los entrenadores, muy superior a la de nuestros jóvenes aprendices"*.

El jugador bueno que todos queremos es el que sabe cuándo tiene que hacer un tipo de golpeo u otro, el que golpea "bien" el volante, el que interpreta la acción del contrario, el que se anticipa a su juego..., en definitiva, el que toma bien las decisiones sobre el terreno de juego.

Es igual de válido un golpeo por encima de la cabeza que por debajo siempre y cuando llegue en las peores condiciones al rival (en desventaja). Puede no ser igual de estético según los patrones motrices del golpeo para esa situación determinada, pero si el jugador puede ejecutarlo con destreza y consigue su objetivo de manera habitual... ¿por qué no?

El profesor Julio Garganta habla del talento como algo que no se descubre, se alcanza. El talento hay que potenciarlo y ponerlo en valor. "El talento no se encuentra como con un detector de metales, que pita cuando lo tienes delante" (Julio Garganta).

Cuando entrenamos o preparamos a nuestros jugadores tenemos que diseñar nuestras sesiones de entrenamiento. Hoy en día se hacen multitud de tareas intentando "perturbar" la decisión para condicionar al jugador en su toma de decisión: cambiándole el color en el último momento que le indica dónde tiene que golpear, decir un número y tiene que desplazarse hacia un lugar antes de golpear... Y yo me pregunto por qué en un "juego" como el bádminton, en el que se toman tantas decisiones, que queremos que el jugador domine y sepa interpretar en cada momento, los estímulos que utilizamos para que el jugador ejecute no tienen nada que ver con el juego.

Durante el juego se coordinan diferentes procesos cognitivos de manera simultanea con la visión periférica.

La visión periférica es importante, pero saber poner el foco en lo relevante es clave para la correcta toma de decisión. Existe un gran número de trabajos aplicados desde el área física en su mayor parte que utilizan estas teorías y estos artículos científicos sobre el aprendizaje en los entrenamientos, pero muy alejados del juego.

En todas las facetas del bádminton se intentan copiar cosas de otros deportes que a lo mejor están más avanzados o tienen un mayor grado de estudio y demuestran transferencia. Las situaciones no se repiten nunca en el juego, no hay dos golpeos iguales en un partido, no hay dos rivales iguales, no hay dos smachs (remates) iguales en un partido... Entonces, si estamos de acuerdo en esto, ¿no sería mejor preparar a nuestro jugador para que sepa reaccionar mejor ante las situaciones que se dan en el juego y ante estímulos que tengan que ver con este y no con colores, números, palmadas, pitido del silbato...? Existen muchas dudas de que en un entrenamiento el hecho de que un jugador "vea el rojo y golpee el volante a la zona donde está el color rojo", tenga algo que ver con el juego, con su preparación y con su mejora como jugador. Mejorará capacidades del individuo, pero no entiendo que mejore como jugador. Es como si pensáramos que a un atleta de 50 metros lisos le va a producir una mejora de su rendimiento en la competición salir hacia el lugar rojo después de ver ese color.

Con esto no quiero decir que no se hagan juegos de activación, que no se hagan este tipo de tareas que nos pueden servir para entretener a los jugadores o como dinámicas, sólo expreso que, si queremos entrenar bádminton y sacar mayor rendimiento a los entrenamientos, los que no tenemos muchas horas para poder entrenar a nuestros jugadores tenemos que intentar que nuestras tareas tengan la mayor transferencia al juego posible.

Se podría argumentar que estos estímulos intentan "molestar" al jugador para entrenar la capacidad de enfocarse en lo que está haciendo. Estímulos que nunca se va a encontrar en un partido.

Siempre será mejor trabajar que nuestro jugador envíe el volante a una zona, cuando haya un movimiento del contrario hacia otra, cuando vea que se desplaza, obligarlo a que devuelva de revés el rival... y conseguiremos mayor transferencia al juego, según el jugador que entrenemos, la edad, nivel de desarrollo del jugador y sus capacidades y cualidades.

¿Y si lo ponemos a golpear el volante ante un rival que se mueve? El jugador tendrá que identificar el estímulo al que tiene que reaccionar (lugar al que va el rival) y enviarle el volante con desventaja para recibir descartando todos los demás estímulos (amagues). Y si además el jugador golpea después de un golpeo del entrenador o del rival, si falla tendrá que devolver el volante que le envíe el contrario... podremos aumentar la carga cognitiva de lo que estamos entrenando utilizando elementos del juego. Estímulos ante los que tendrá que reaccionar y dar una respuesta o descartar durante el juego.

De esta manera conseguiríamos contextualizar las acciones, hasta el punto que lo consideremos necesario y atendiendo al nivel de los jugadores a los que vayamos a exponer las tareas. Controlando y adaptando las cargas cognitivas.

*La teoría de la carga cognitiva explica que el aprendizaje de una tarea demanda el reclutamiento de recursos neuronales, tales como la atención y la memoria de trabajo. Si la tarea consume un nivel excesivo de estos recursos la información no se procesará en su totalidad, lo que generará una disminución del aprendizaje* (Pass, Van Gog y Sweller, 2010; Shuggi, Oh, Shewokis y Gentili, 2017).

Hay que intentar como entrenadores que el entrenamiento sea un medio facilitador del aprendizaje.

Nuestro objetivo como entrenadores es ayudar a nuestros jugadores en su proceso de aprendizaje bien sea en formación, iniciando o en alto rendimiento, compitiendo. En bádminton, por mucho que intentemos que la competición sea lo más sana y educativa posible en su iniciación, en un partido compites con un rival para ganarle, porque es inherente al juego mismo. Los estímulos y las respuestas tienen que estar encaminados al aprendizaje del jugador y tienen que tener estrecha relación con lo que puede pasar en un partido para que el aprendizaje sea significativo, bien sea una situación en la que la respuesta siempre sea la misma (por ejemplo, golpear de revés) y que la decisión sea cómo golpear (largo o corto) o bien una situación en la que haya muchas respuestas (distintas posibilidades de golpeo) y muchas posibles decisiones dentro de esa respuesta (puede haber infinitas en la ejecución).

Para ello, la complejidad de la tarea irá estrechamente relacionada con la capacidad de aprendizaje y el desarrollo de las capacidades del jugador.

Las tareas más analíticas en el aprendizaje, para las mejoras de los gestos técnicos como tales, deben llevar una toma de decisión para su eficiencia, ya que enseñar los gestos técnicos disociados de todas las variables del juego, preparan al jugador para tener destreza en un golpeo determinado, a una distancia determinada, aplicando la misma fuerza y sin ninguna toma de decisión y los jugadores están constantemente tomando decisiones en un partido por la realidad cambiante del juego. Por ejemplo, dos jugadores uno enfrente de otro golpeando el volante a la misma distancia, es una tarea o ejercicio que sólo le producirá al jugador una mejora del golpeo a esa distancia precisa y el aprendizaje carecerá de mejora cognitiva alguna. Mientras que ese golpeo, si el rival está variando la distancia, variando la velocidad a la que se mueve, devolviéndole el volante a distintas alturas, cambiando de espacios... o cualquier otra variable que haga que la repuesta sea siempre la misma (que consistirá en golpear), la decisión de la ejecución será distinta y el proceso de aprendizaje llevará una carga cognitiva mayor y esto repercute directamente en la mejora del jugador en cuanto a las respuestas en el juego.

Existen multitud de reglas de provocación para que las tareas y los entrenamientos tengan el resultado requerido o que en el entrenamiento pase lo que nosotros queramos que pase y podamos encontrar ese matrimonio tan ansiado entre objetivo y contenido.

Para conocer y manejar todas las posibilidades durante un entrenamiento y que podamos alcanzar lo que buscamos en el entrenamiento propongo tres tipos de condicionantes:

- Condicionantes humanos.
- Condicionantes espacio-temporales.
- Condicionantes reglados.

Atendiendo a estos condicionantes siempre podremos conseguir que nuestras tareas consigan reproducir las situaciones que queremos que el jugador vivencie y tengan transferencia al juego.

Los condicionantes espaciotemporales, humanos y reglados de las tareas tendrán estrecha relación con el juego, no puede ser un condicionante para el jugador una cuerda para marcar la altura del golpeo, el condicionante debe tener relación con el juego, por ejemplo, poner un rival cerca de la red o la red entre los jugadores.

Al aplicar los estudios de la neurociencia al bádminton no buscamos que los jugadores sean mas rápidos, que lo serán en las decisiones que tomen y en el tiempo que tarden en tomarlas, lo que buscamos es que el proceso o mecanismo de decisión que desarrollen les haga capaces de decidir bien en tiempo y forma con respecto a la situación que tengan que resolver y el rival al que se enfrentan en base a su percepción, conocimiento y experiencia.

Consiste en aplicar las teorías del aprendizaje y de como aprende el jugador a la práctica del entrenamiento para su mejora y su evolución.

No entiendo por qué después de tantas teorías y estudios, sobre todo de especialistas en el área física y de la enseñanza, se siguen promoviendo tareas en las que se les hace llegar al jugador estímulos que nada tienen que ver con el juego y generarle contextos para que resuelva situaciones que alejan al jugador de la realidad competitiva a la que se va a enfrentar... Y si, además, la respuesta es golpear un volante de otro tamaño (indiaca), dejar la raqueta en el suelo, golpear hacia un cono, tocar una línea o solo tiene una posible decisión/ejecución... ¿dónde está la mejora de la toma de decisión en el proceso de aprendizaje del bádminton cuando nada tiene que ver con el juego? Entendiendo la toma de decisión como la respuesta a un estímulo que identifique.

Se puede llegar a entender este tipo de tareas dentro de un intento de usarlas en la iniciación deportiva o con una intención lúdica pero no acabo de compartirlas para la especificidad del bádminton.

El Doctor Robin Jackson, profesor de la Brunel University realizó un escáner a un grupo de futbolistas profesionales y los sometió a una prueba denominada: test de oclusión corporal. Llevó a cabo el test para averiguar cómo los jugadores anticipan las acciones de sus adversarios. El sistema de neuronas espejo era el origen de la capacidad de anticipación. La capacidad de adaptación más rápida es entrenable como cualquier otra habilidad o capacidad.

La propuesta, atendiendo a lo anteriormente expuesto y buscando que los entrenamientos sean más productivos en las diferentes etapas de formación, es una aplicación practica de la neurociencia (algo científico) al entrenamiento (algo práctico) para la mejora en el juego de nuestros jugadores en la etapa en la que se encuentren, basada en la interpretación que podemos hacer los entrenadores de la base científica que aportan los estudios del cerebro durante el aprendizaje de los deportes, en este caso del bádminton.

En las tareas que vamos a desarrollar para una mejora del aprendizaje aplicando los beneficios de la neurociencia, los indicadores y estímulos serán propios del bádminton para que haya una mayor transferencia del trabajo. Hay una tendencia educativa muy fuerte afianzada en estos conceptos y cada día se ve más reflejada en la enseñanza de los deportes, pero que mal entendida puede llevar a errores y a no conseguir los resultados pretendidos. El objetivo es que el entrenamiento de nuestro cerebro esté relacionado con el bádminton y que las destrezas o avances que se consigan tengan repercusión directa en durante el juego (de los jugadores).

Estas tareas carecen de un contexto y el lector (entrenador) tendrá que condicionarlas en espacios y tiempos para conseguir el resultado requerido atendiendo a otros objetivos (sean secundarios o no) que se quiera alcanzar con la tarea: físicos, tácticos, de estrategia operativa... además de introducirlas en la parte que considere oportuno para llevarlas a cabo.

Hay que tener en cuenta que en el desarrollo del aprendizaje existen distintas etapas (debido a la evolución de los jugadores) y que los entrenadores tendremos que tomar como referencia la capacidad cognitiva de los mismos para poder elegir o adaptar las tareas que vamos a utilizar.

Aunque las tareas tengan un objetivo técnico o táctico, "no será lo importante". La finalidad de estas es que haya un entrenamiento de nuestro cerebro para que la decisión ante estímulos o adversidades nos de una respuesta efectiva (motriz), regulada por las emociones y que los jugadores sepan enfocarse en lo importante con una lectura o interpretación que los lleve a decidir sin reflexión, sobre la marcha, de manera intuitiva y se produzca un aprendizaje.

# SIMBOLOGÍA

| | |
|---|---|
| Jugadores Equipo A | |
| Jugadores Equipo B | |
| Monitor | M |
| Desplazamiento | |
| Trayectoria volante | |
| Remate | |
| Volante | |

# NEUROCIENCIA APLICADA AL BÁDMINTON

# 100

## TAREAS PARA SU ENTRENAMIENTO

| Tarea Nº 1 | Objetivo | Mejora del drive |
|---|---|---|
| | Jugadores | 1+M |

## Explicación

El jugador realizará golpeos de drive en paralelo hacia el monitor, que irá variando su distancia con respecto a la red.

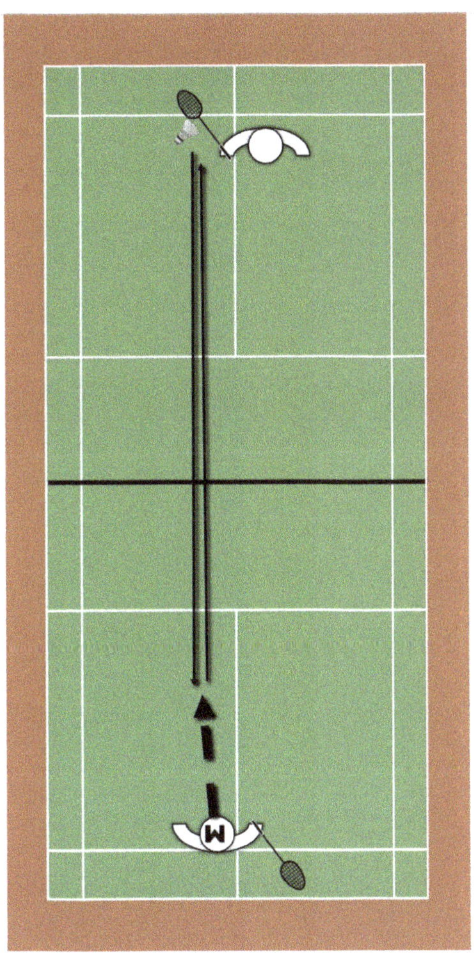

| Tarea Nº 2 | Objetivo | Mejora del revés |
|---|---|---|
| | Jugadores | 1+M |

## Explicación

El jugador realizará golpeos de revés en paralelo hacia el monitor, que irá variando su distancia con respecto a la red.

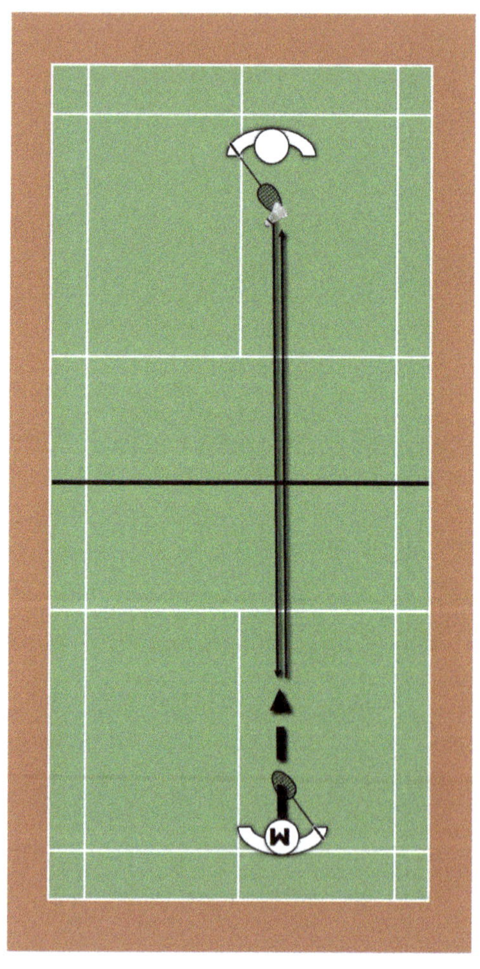

| Tarea Nº 3 | Objetivo | Mejora del drive |
|---|---|---|
| | Jugadores | 1+M |

## Explicación

El jugador realizará golpeos de drive en paralelo hacia el monitor que no variará su posición y le desvolverá el volante unas veces más cortos y otras más largos para variar su posición.

| Tarea Nº 4 | Objetivo | Mejora del revés |
|---|---|---|
| | Jugadores | 1+M |

## Explicación

El jugador realizará golpeos de revés en paralelo hacia el monitor que no variará su posición y le desvolverá el volante unas veces más cortos y otras más largos para variar su posición.

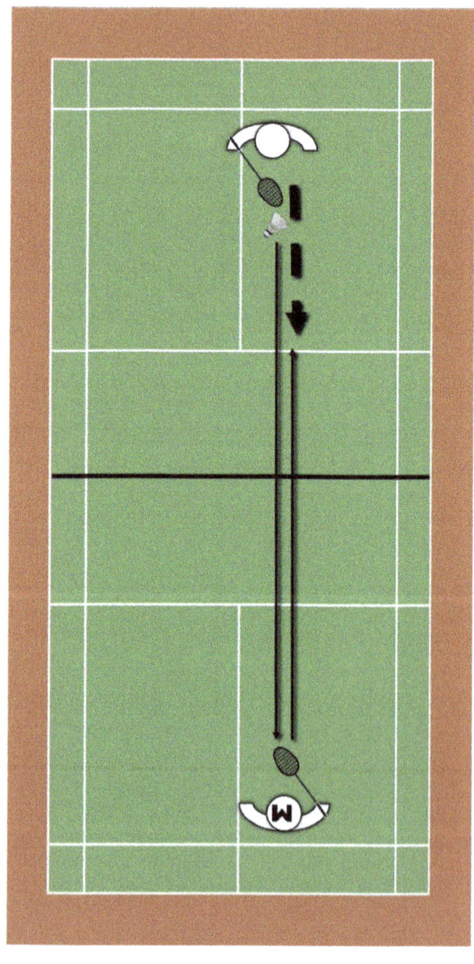

| Tarea Nº 5 | Objetivo | Mejora del drive |
|---|---|---|
| | Jugadores | 2 |

## Explicación

Los jugadores realizarán golpeo de drive en paralelo. Los Jugadores cuando golpeen se acercarán o se alejarán para variar su posición y que el compañero devuelva el volante a su nueva posición.

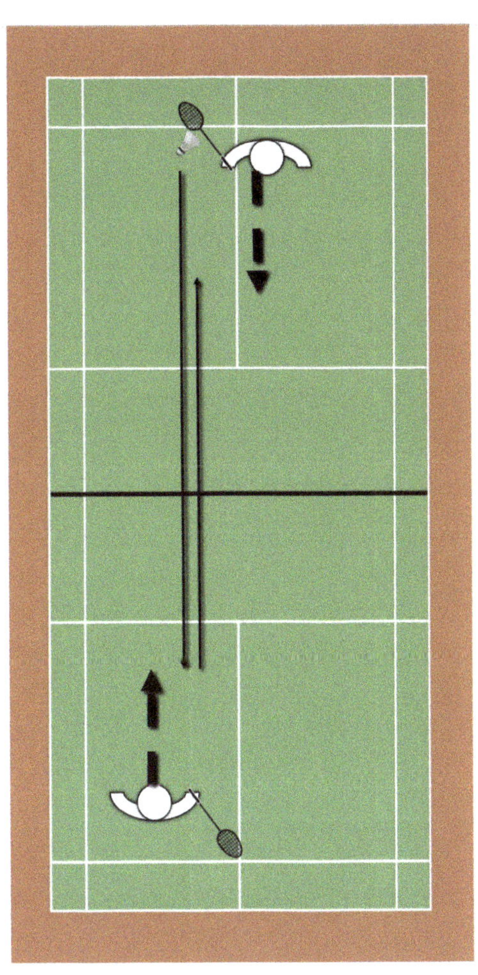

| Tarea Nº 6 | Objetivo | Mejora del revés |
|---|---|---|
| | Jugadores | 2 |

## Explicación

Los jugadores realizarán golpeo de revés en paralelo. Los jugadores cuando golpeen se acercarán o se alejarán para variar su posición y que el compañero devuelva el volante a su nueva posición.

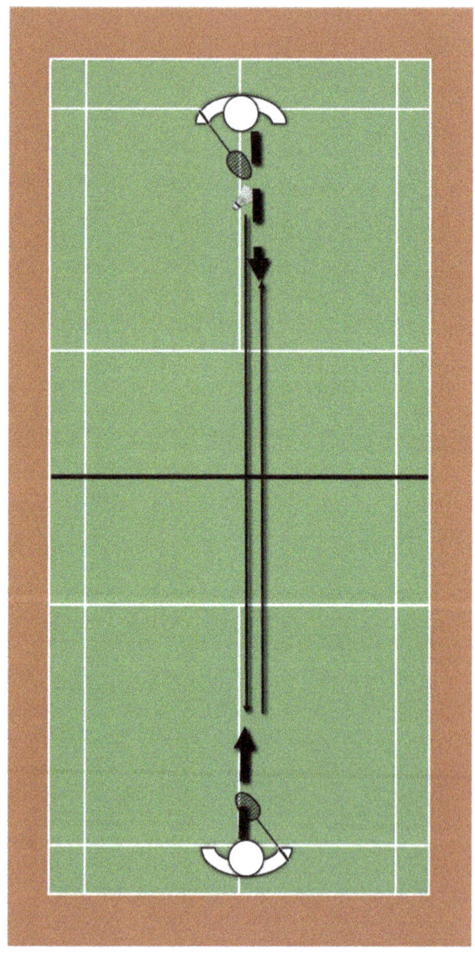

| Tarea N° 7 | Objetivo | Mejora del drive |
|---|---|---|
| | Jugadores | 2 |

## Explicación

Los jugadores realizarán golpeos de drive en paralelo. Los jugadores cuando golpeen unas veces lo harán más corto o más largo para dificultar al contrario.

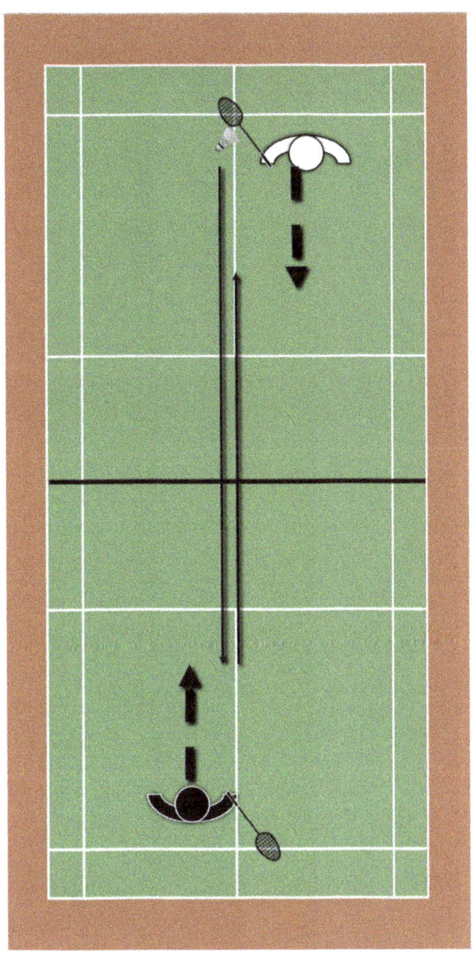

| Tarea Nº 8 | Objetivo | Mejora del revés |
|---|---|---|
| | Jugadores | 2 |

## Explicación

Los jugadores realizarán golpeos de revés en paralelo. Los jugadores cuando golpeen unas veces lo harán más corto o más largo para dificultar al contrario.

| Tarea N° 9 | Objetivo | Mejora del drive |
|---|---|---|
| | Jugadores | 2 |

## Explicación

Los jugadores realizarán golpes de drive en diagonal. Los jugadores cuando golpeen el volante se acercarán o se alejarán para variar su posición y que el compañero devuelva a su nueva ubicación.

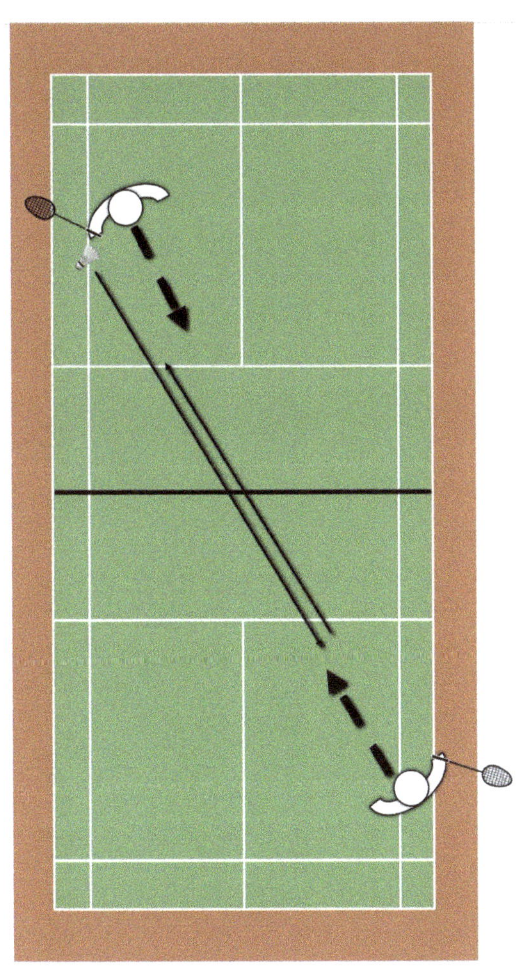

| Tarea Nº 10 | Objetivo | Mejora del revés |
|---|---|---|
| | Jugadores | 2 |

## Explicación

Los jugadores realizarán golpes de revés en diagonal. Los jugadores cuando golpeen el volante se acercarán o se alejarán para variar su posición y que el compañero devuelva a su nueva ubicación

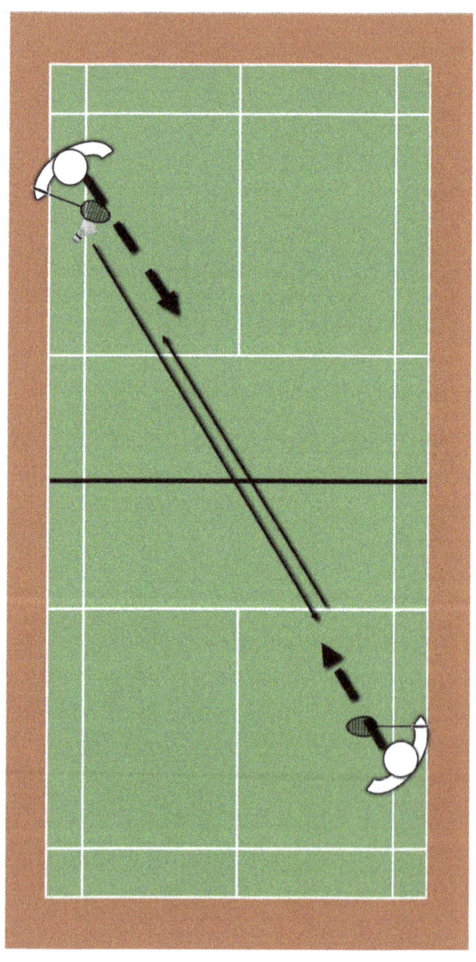

| Tarea Nº 11 | Objetivo | Mejora del drive |
|---|---|---|
| | Jugadores | 1+M |

## Explicación

El jugador realizará golpeos de drive en diagonal hacia el monitor. El monitor cuando golpee el volante se acercará o se alejará para variar su posición y que el jugador se lo devuelva la nueva ubicación.

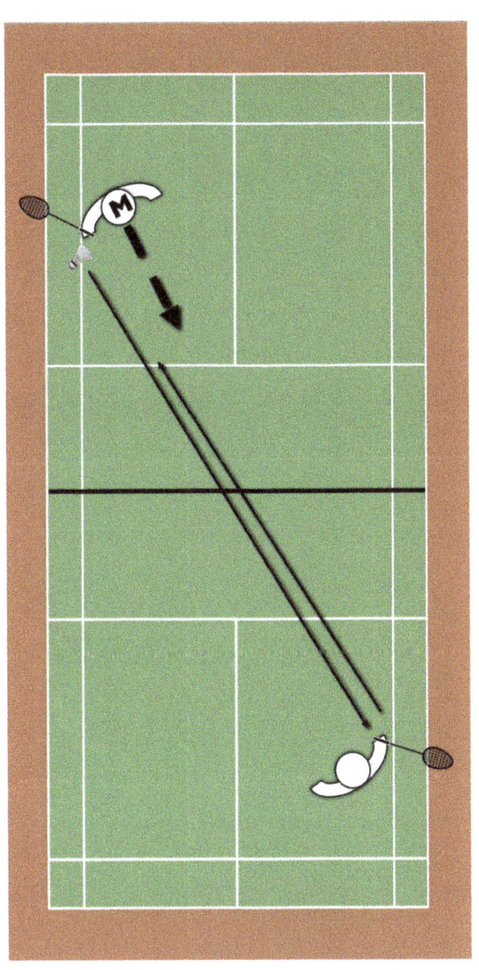

| Tarea Nº 12 | Objetivo | Mejora del revés |
|---|---|---|
| | Jugadores | 1+M |

## Explicación

El jugador realizará golpeos de revés en diagonal hacia el monitor. El monitor cuando golpee el volante se acercará o se alejará para variar su posición y que el jugador se lo devuelva la nueva ubicación.

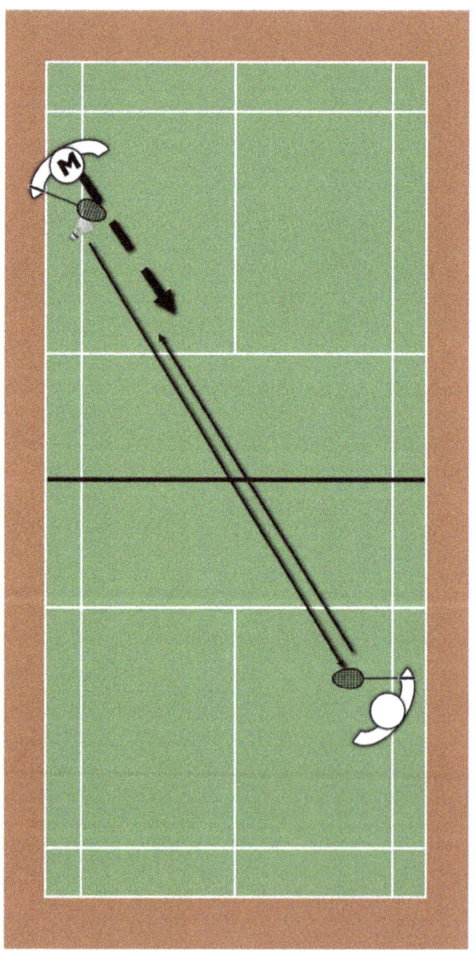

| Tarea N° 13 | Objetivo | Mejora del drive |
|---|---|---|
| | Jugadores | 1+M |

## Explicación

El jugador realizará golpeos de drive en diagonal hacia el monitor. El monitor no variará su ubicación y devolverá el volante unas veces más cortas y otras más largas para que el jugador golpee.

| Tarea Nº 14 | Objetivo | Mejora del revés |
|---|---|---|
| | Jugadores | 1+M |

## Explicación

El jugador realizará golpeos de revés en diagonal hacia el monitor. El monitor no variará su ubicación y devolverá el volante unas veces más cortas y otras más largas para que el jugador golpee.

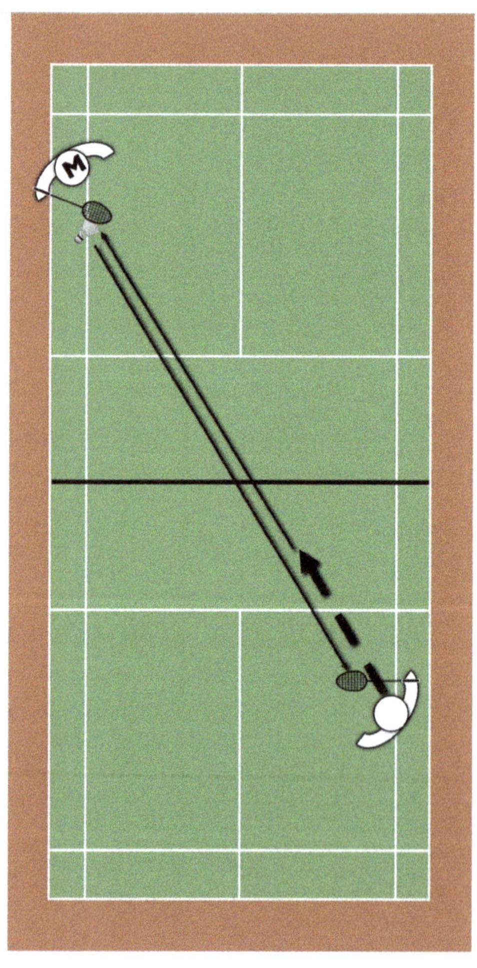

| Tarea Nº 15 | Objetivo | Mejora del drive |
|---|---|---|
| | Jugadores | 2 |

## Explicación

Los jugadores realizarán golpeos de drive en diagonal. Los jugadores cuando golpeen unas veces lo harán más corto o más largo para dificultar al contrario.

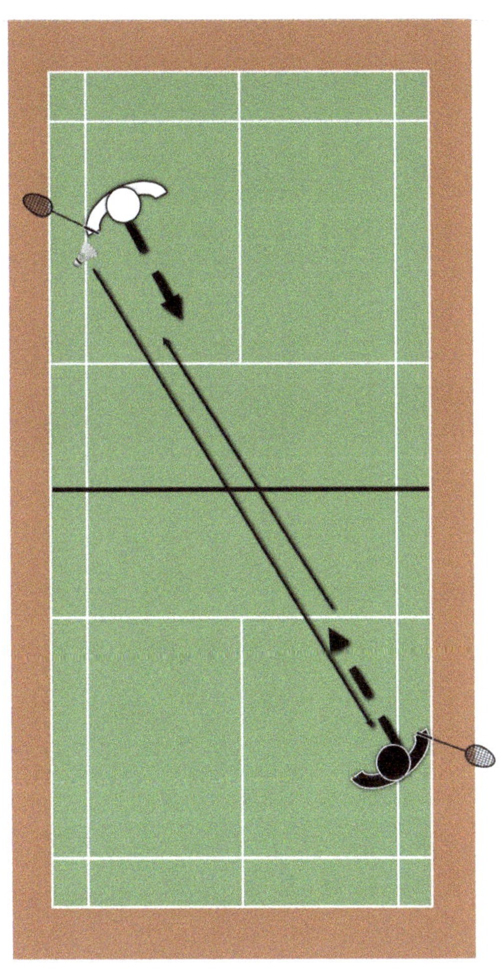

| Tarea Nº 16 | Objetivo | Mejora del revés |
|---|---|---|
| | Jugadores | 2 |

## Explicación

El jugador realizará golpeos de revés en diagonal hacia el monitor. El monitor no variará su ubicación y devolverá el volante unas veces más cortas y otras más largas para que el jugador golpee.

| Tarea Nº 17 | Objetivo | Mejora del drive |
|---|---|---|
| | Jugadores | 1+M |

## Explicación

El monitor desde el fondo de la pista golpeará en paralelo y el jugador tendrá que golpear de drive al lado contrario al que se dirija el monitor.

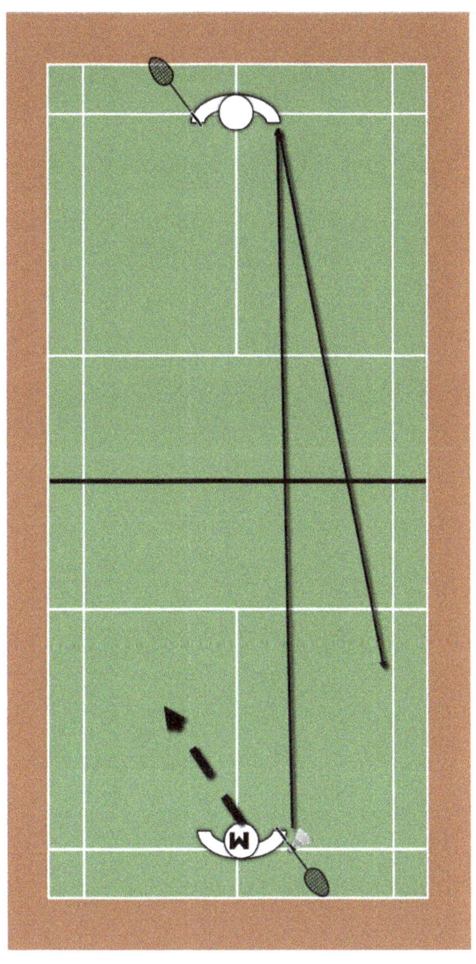

| Tarea Nº 18 | Objetivo | Mejora del revés |
|---|---|---|
| | Jugadores | 1+M |

## Explicación

El monitor desde el fondo de la pista golpeará en paralelo y el jugador tendrá que golpear de revés al lado contrario al que se dirija el monitor.

| Tarea Nº 19 | Objetivo | Mejora del drive |
|---|---|---|
| | Jugadores | 1+M |

## Explicación

El monitor desde el medio de la pista y el jugador desde el fondo. El monitor golpeará en paralelo y el jugador tendrá que golpear de drive al lado al que se dirija el monitor.

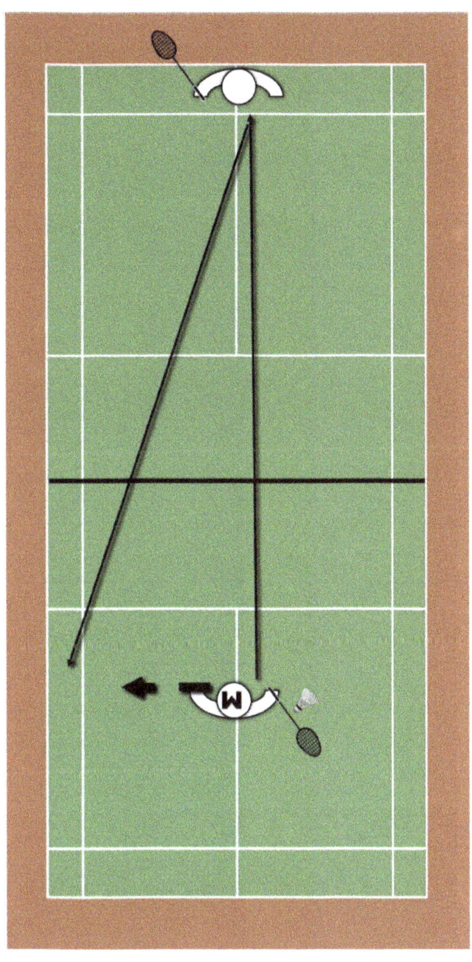

| Tarea Nº 20 | **Objetivo** | Mejora del revés |
|---|---|---|
| | **Jugadores** | **1+M** |

## Explicación

El monitor desde el medio de la pista y el jugador desde el fondo. El monitor golpeará en paralelo y el jugador tendrá que golpear de revés al lado que se dirija el monitor.

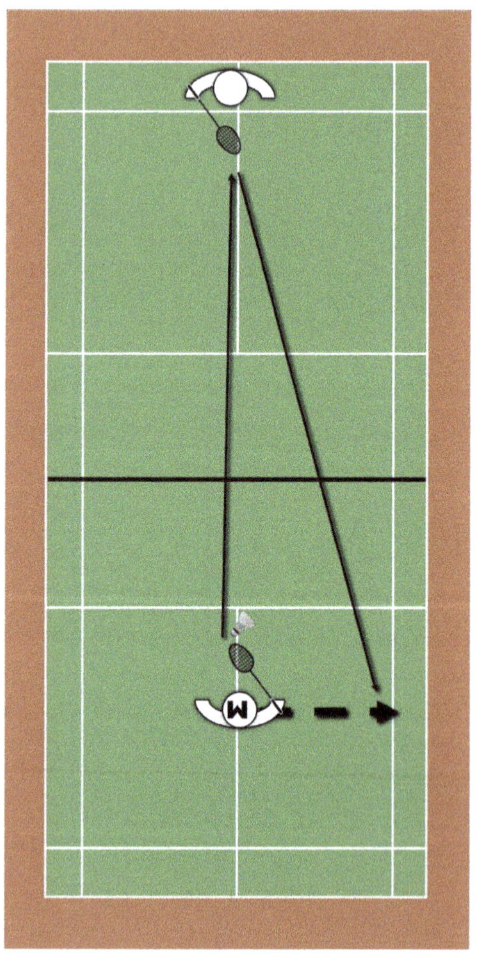

| Tarea Nº 21 | Objetivo | Mejora del drive |
|---|---|---|
| | Jugadores | 1+M |

## Explicación

El monitor desde el medio de la pista y el jugador desde el fondo. El monitor golpeará en paralelo y el jugador tendrá que golpear de drive más cerca o más lejos de la red según si el monitor se acerca o se aleja.

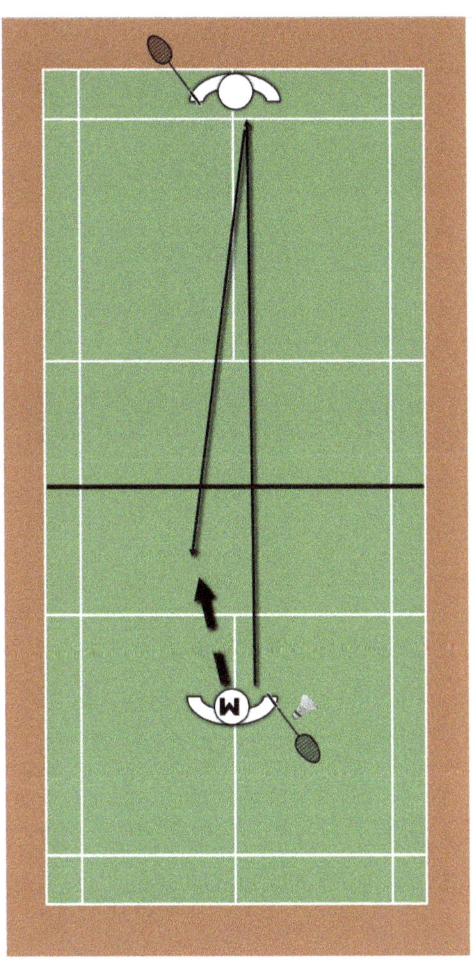

| Tarea Nº 22 | Objetivo | Mejora del revés |
|---|---|---|
| | Jugadores | 1+M |

## Explicación

El monitor desde el medio de la pista y el jugador desde el fondo. El monitor golpeará en paralelo y el jugador tendrá que golpear de revés más cerca o más lejos de la red según si el monitor se acerca o se aleja.

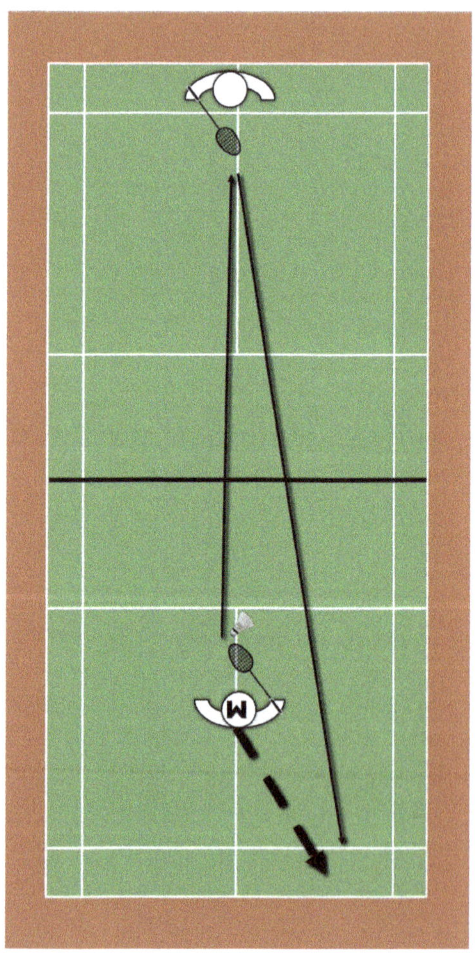

| Tarea Nº 23 | Objetivo | Mejora del drive |
| --- | --- | --- |
| | Jugadores | 1+M |

## Explicación

El monitor desde el medio de la pista y el jugador desde el fondo. El monitor golpeará en paralelo y el jugador tendrá que golpear de drive más cerca o más lejos de la red según lo contrario que haga el monitor.

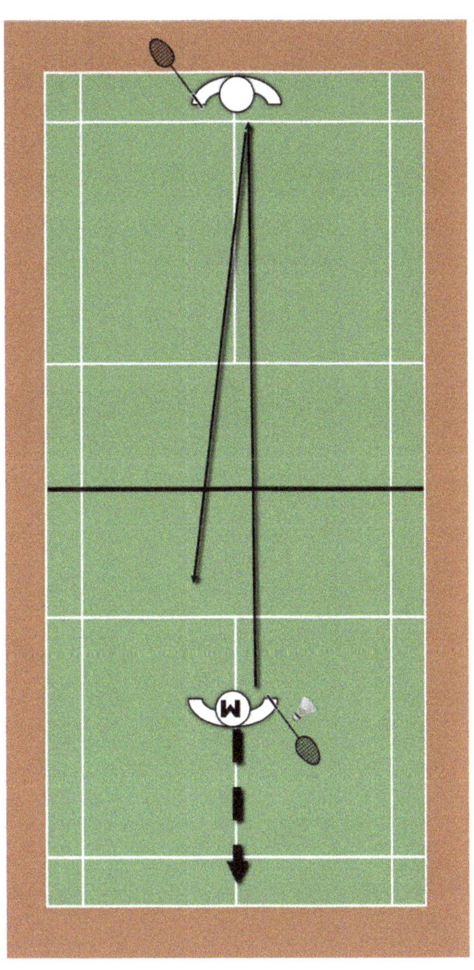

| Tarea Nº 24 | Objetivo | Mejora del revés |
|---|---|---|
| | Jugadores | 1+M |

## Explicación

El monitor desde el medio de la pista y el jugador desde el fondo. El monitor golpeará en paralelo y el jugador tendrá que golpear de revés más cerca o más lejos de la red según lo contrario que haga el monitor

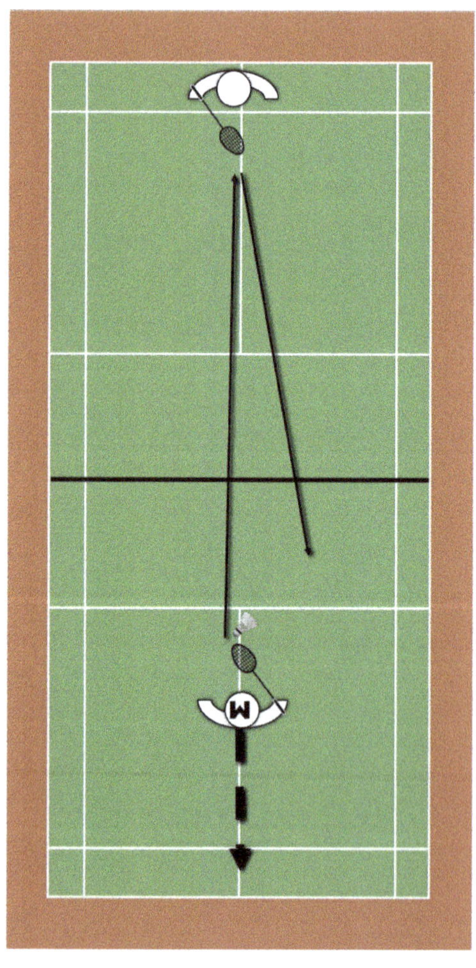

| Tarea Nº 25 | Objetivo | Mejora del drive |
|---|---|---|
| | Jugadores | 1+M |

## Explicación

El monitor y el jugador en el medio de la pista. El monitor golpeará en paralelo y el jugador tendrá que golpear de drive al lado al que se dirija el monitor.

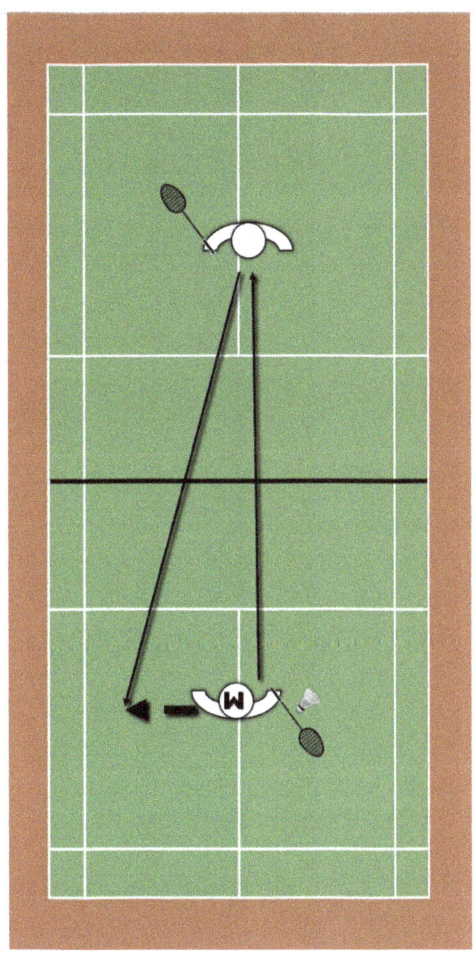

| Tarea Nº 26 | Objetivo | Mejora del revés |
|---|---|---|
| | Jugadores | 1+M |

## Explicación

El monitor y el jugador en el medio de la pista. El monitor golpeará en paralelo y el jugador tendrá que golpear de revés al lado que se dirija el monitor.

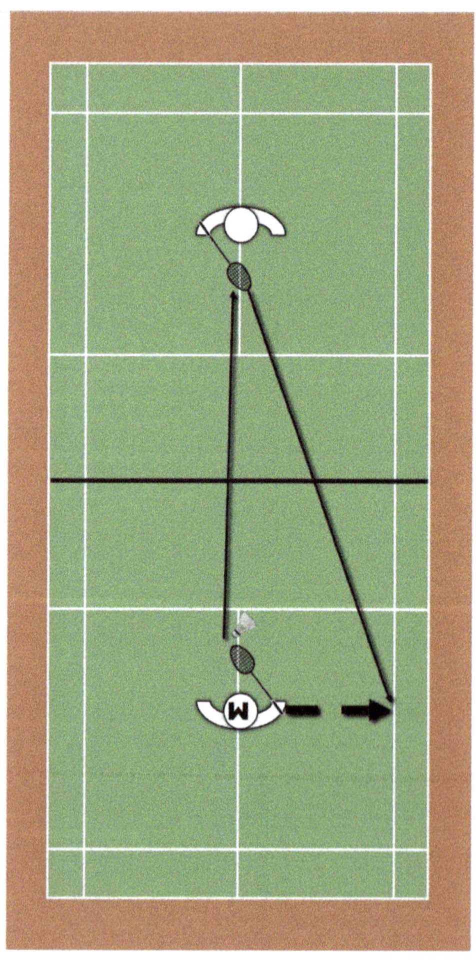

| Tarea Nº 27 | Objetivo | Mejora del drive |
|---|---|---|
| | Jugadores | 1+M |

## Explicación

El monitor y el jugador en el medio de la pista. El monitor golpeará en paralelo y el jugador tendrá que golpear de drive al lado contrario al que se dirija el monitor.

| Tarea Nº 28 | **Objetivo** | Mejora del revés |
|---|---|---|
| | **Jugadores** | **1+M** |

## Explicación

El monitor y el jugador en el medio de la pista . El monitor golpeará en paralelo y el jugador tendrá que golpear de revés al lado contrario al que se dirija el monitor.

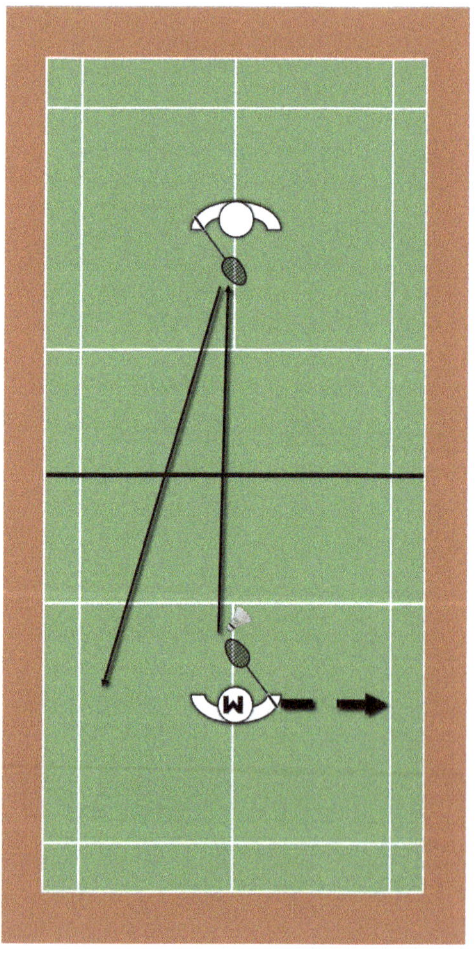

| Tarea Nº 29 | Objetivo | Mejora del drive |
|---|---|---|
| | Jugadores | 1+M |

## Explicación

El monitor y el jugador en el medio de la pista. El monitor golpeará en paralelo y el jugador tendrá que golpear de drive más cerca o más lejos de la red según si el monitor se acerca o se aleja.

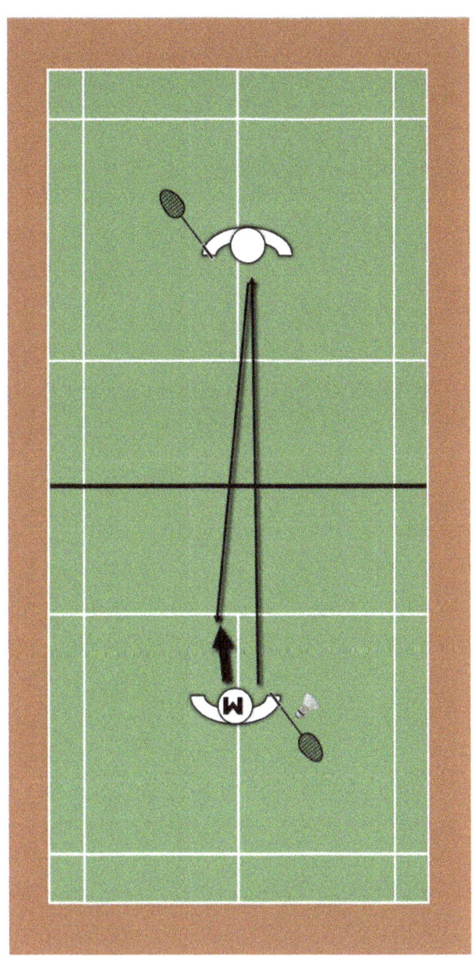

| Tarea Nº 30 | Objetivo | Mejora del revés |
|---|---|---|
| | Jugadores | 1+M |

## Explicación

El monitor y el jugador en el medio de la pista. El monitor golpeará en paralelo y el jugador tendrá que golpear de revés más cerca o más lejos de la red según si el monitor se acerca o se aleja

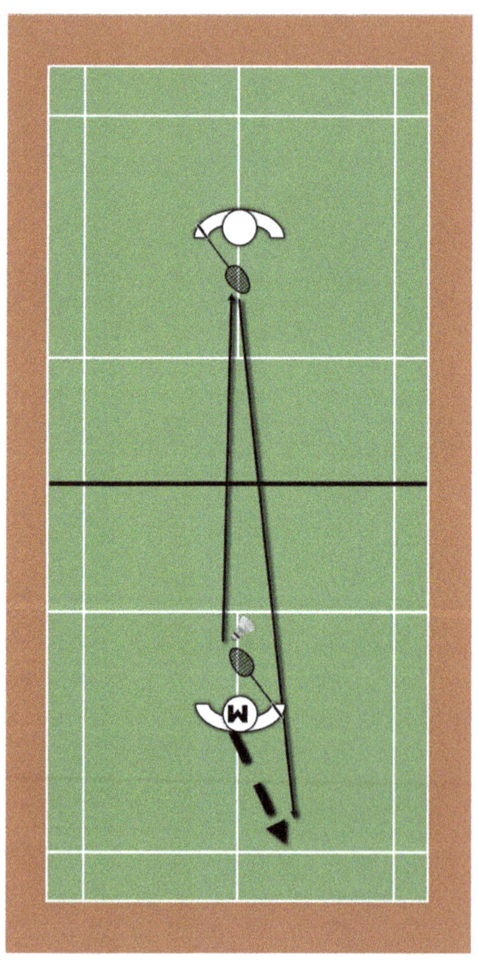

| Tarea Nº 31 | Objetivo | Mejora del drive |
|---|---|---|
| | Jugadores | 1+M |

## Explicación

El monitor y el jugador en el medio de la pista. El monitor golpeará en paralelo y el jugador tendrá que golpear de drive más cerca o más lejos de la red según lo contrario que haga el monitor.

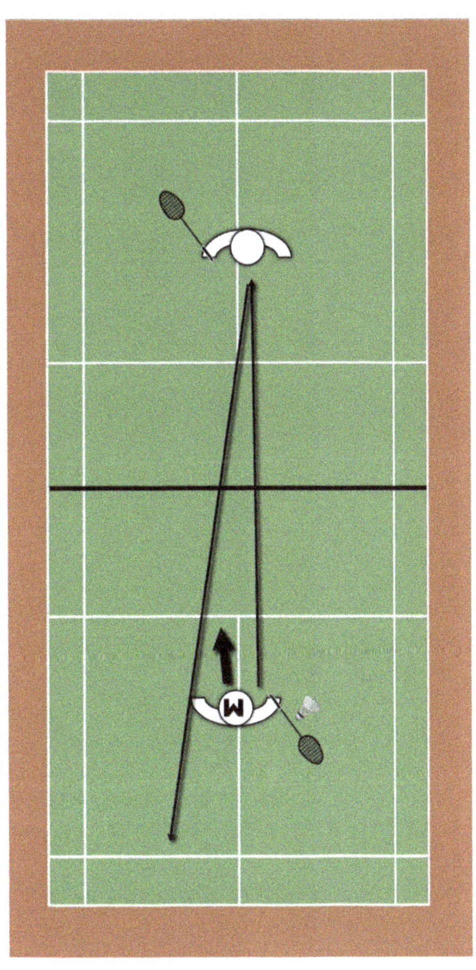

| Tarea Nº 32 | Objetivo | Mejora del revés |
|---|---|---|
| | Jugadores | 1+M |

## Explicación

El monitor y el jugador en el medio de la pista. El monitor golpeará en paralelo y el jugador tendrá que golpear de revés más cerca o más lejos de la red según lo contrario que haga el monitor.

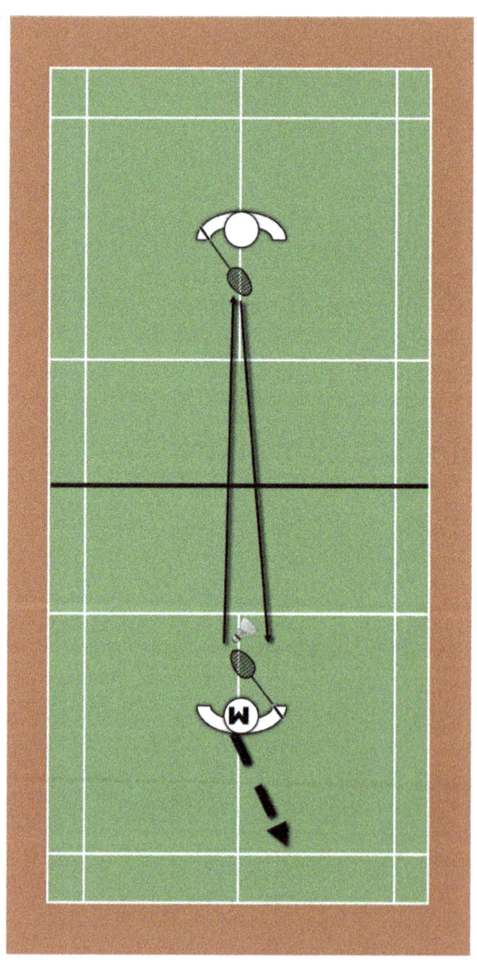

| Tarea Nº 33 | Objetivo | Mejora del drive |
|---|---|---|
| | Jugadores | 1+M |

## Explicación

El monitor desde el medio de la pista y el jugador desde el fondo. El monitor golpeará en paralelo y el jugador tendrá que ir a golpear de drive al lado al que se dirija el monitor.

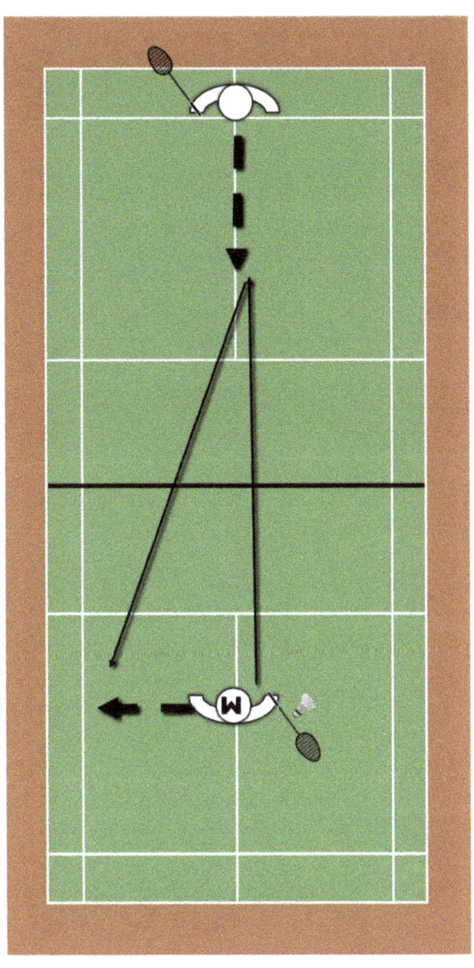

| Tarea Nº 34 | Objetivo | Mejora del revés |
|---|---|---|
| | Jugadores | 1+M |

## Explicación

El monitor desde el medio de la pista y el jugador desde el fondo. El monitor golpeará en paralelo y el jugador tendrá que ir a golpear de revés al lado al que se dirija el monitor.

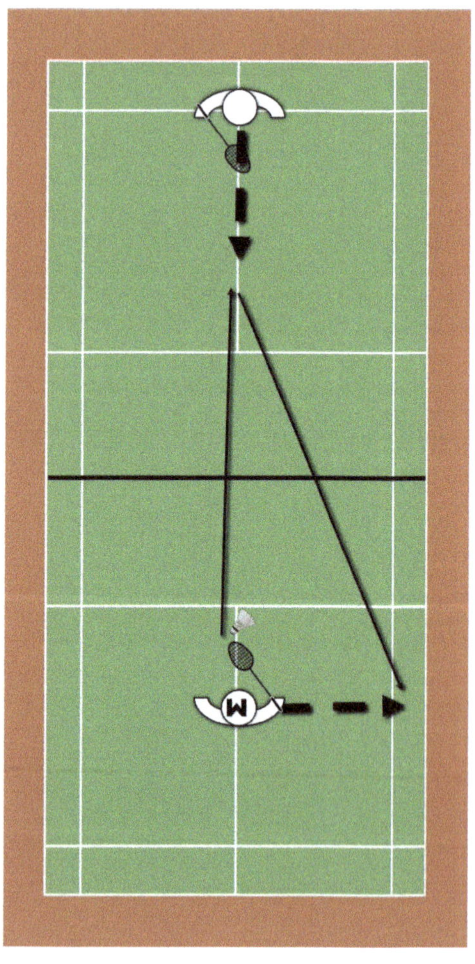

| Tarea N° 35 | Objetivo | Mejora del drive |
| --- | --- | --- |
| | Jugadores | 1+M |

## Explicación

El monitor desde el medio de la pista y el jugador desde el fondo. El monitor golpeará en paralelo y el jugador tendrá que ir a golpear de drive al lado contrario al que se dirija el monitor.

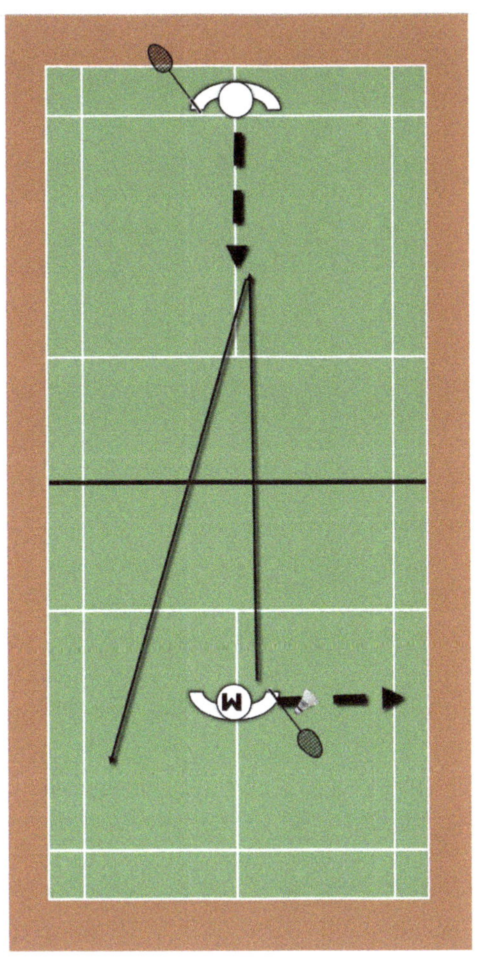

| Tarea Nº 36 | Objetivo | Mejora del revés |
|---|---|---|
| | Jugadores | 1+M |

## Explicación

El monitor desde el medio de la pista y el jugador desde el fondo. El monitor golpeará en paralelo y el jugador tendrá que ir a golpear de revés al lado al que se dirija el monitor.

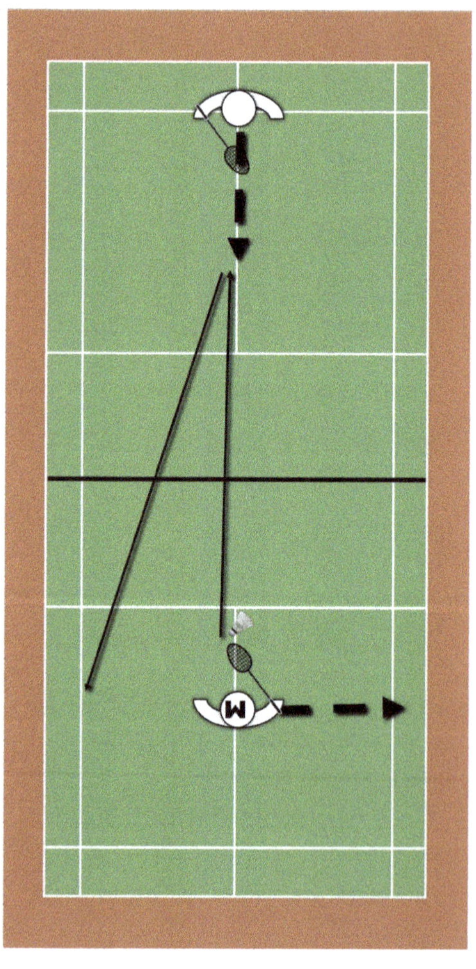

| Tarea Nº 37 | Objetivo | Mejora del drive |
|---|---|---|
| | Jugadores | 1+M |

## Explicación

El monitor desde el medio de la pista y el jugador desde el fondo. El monitor golpeará en paralelo y el jugador tendrá que ir a golpear de drive más cerca o más lejos de la red según si el monitor se acerca o se aleja.

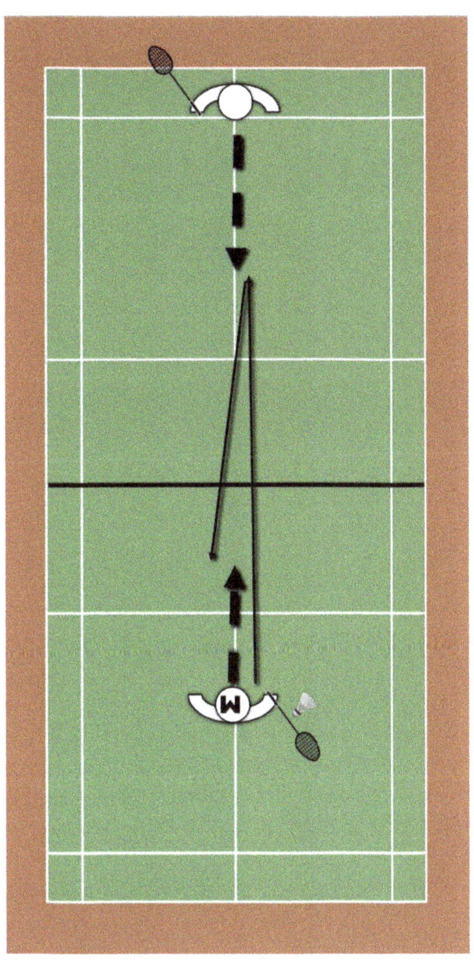

| Tarea Nº 38 | Objetivo | Mejora del revés |
|---|---|---|
| | Jugadores | 1+M |

## Explicación

El monitor desde el medio de la pista y el jugador desde el fondo. El monitor golpeará en paralelo y el jugador tendrá que ir a golpear de revés más cerca o más lejos de la red según si el monitor se acerca o se aleja

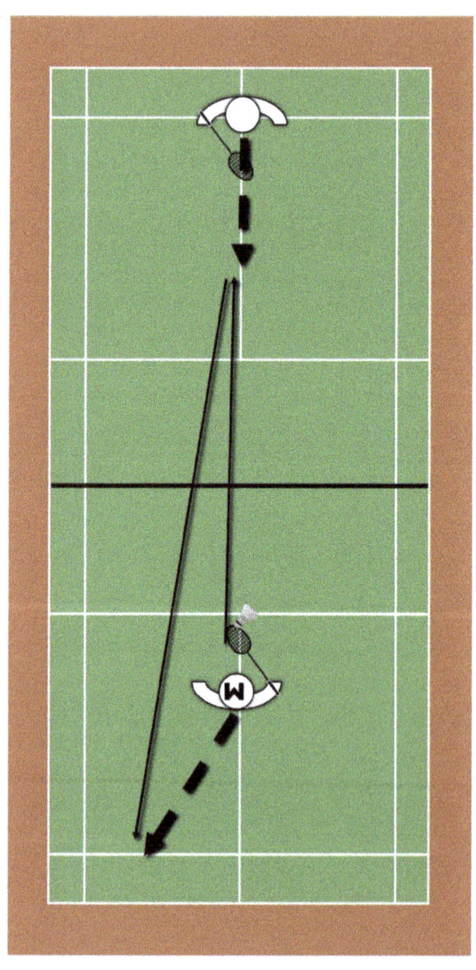

| Tarea Nº 39 | Objetivo | Mejora del drive |
|---|---|---|
| | Jugadores | 1+M |

## Explicación

El monitor desde el medio de la pista y el jugador desde el fondo. El monitor golpeará en paralelo y el jugador tendrá que ir a golpear de drive más cerca o más lejos de la red según lo contrario que haga el monitor.

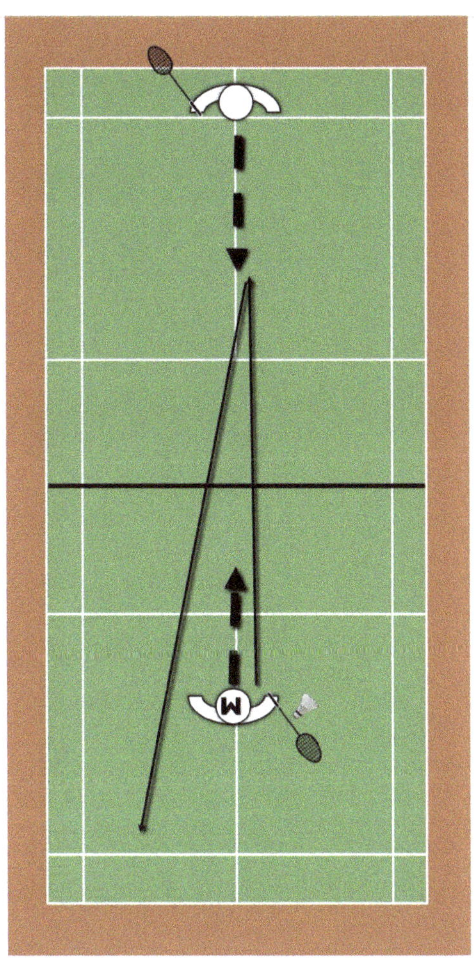

| Tarea N° 40 | Objetivo | Mejora del revés |
|---|---|---|
| | Jugadores | 1+M |

## Explicación

El monitor desde el medio de la pista y el jugador desde el fondo. El monitor golpeará en paralelo y el jugador tendrá que ir a golpear de revés más cerca o más lejos de la red según lo contrario que haga el monitor.

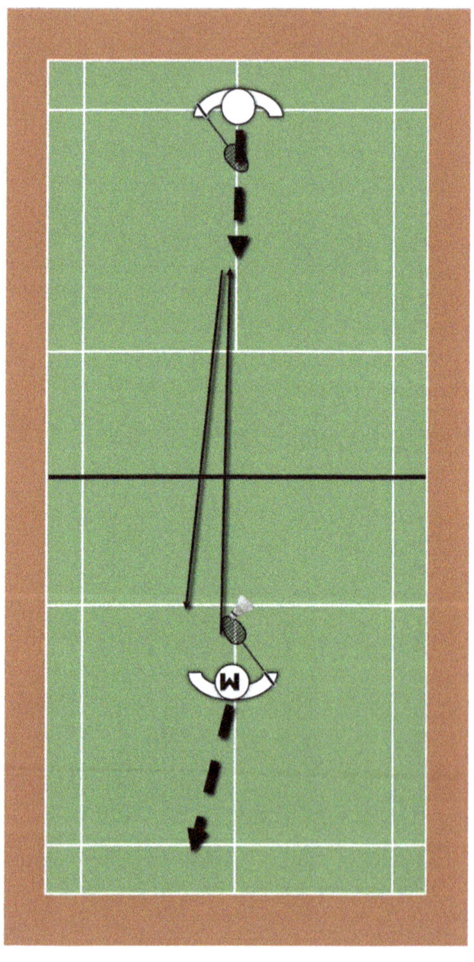

| Tarea Nº 41 | Objetivo | Mejora del drive |
|---|---|---|
| | Jugadores | 1+M |

## Explicación

El monitor cerca de la red y el jugador en el medio de la pista. El monitor golpeará en paralelo y el jugador tendrá que golpear de drive al lado al que se dirija el monitor.

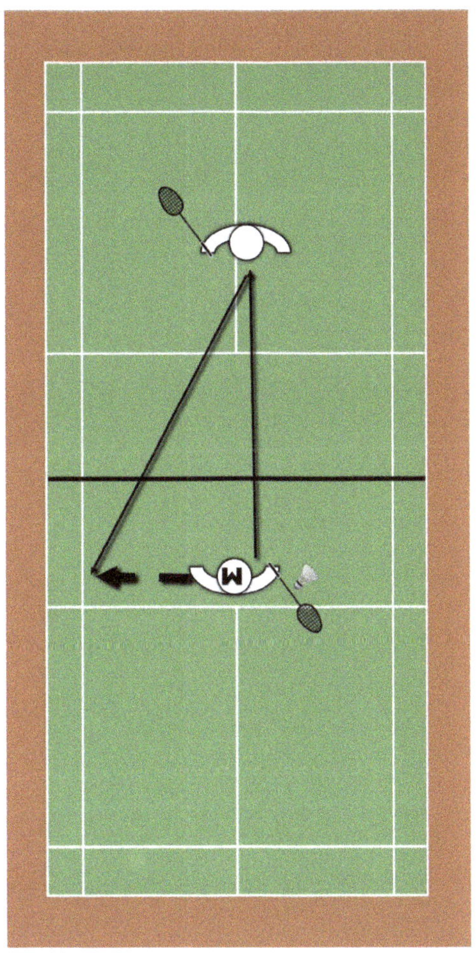

| Tarea N° 42 | Objetivo | Mejora del revés |
|---|---|---|
| | Jugadores | 1+M |

## Explicación

El monitor cerca de la red y el jugador en el medio de la pista. El monitor golpeará en paralelo y el jugador tendrá que golpear de revés al lado que se dirija el monitor.

| Tarea Nº 43 | Objetivo | Mejora del drive |
|---|---|---|
| | Jugadores | 1+M |

## Explicación

El monitor cerca de la red y el jugador en el medio de la pista. El monitor golpeará en paralelo y el jugador tendrá que golpear de drive al lado al que se dirija el monitor.

<table>
<tr><td rowspan="2">Tarea N° 44</td><td>Objetivo</td><td>Mejora del revés</td></tr>
<tr><td>Jugadores</td><td>1+M</td></tr>
</table>

## Explicación

El monitor cerca de la red y el jugador en el medio de la pista . El monitor golpeará en paralelo y el jugador tendrá que golpear de revés al lado contrario al que se dirija el monitor.

| Tarea Nº 45 | Objetivo | Mejora del drive |
|---|---|---|
| | Jugadores | 1+M |

## Explicación

El monitor cerca de la red y el jugador en el medio de la pista. El monitor golpeará en paralelo y el jugador tendrá que golpear de drive más cerca o más lejos de la red según si el monitor se queda quieto o se aleja de la red

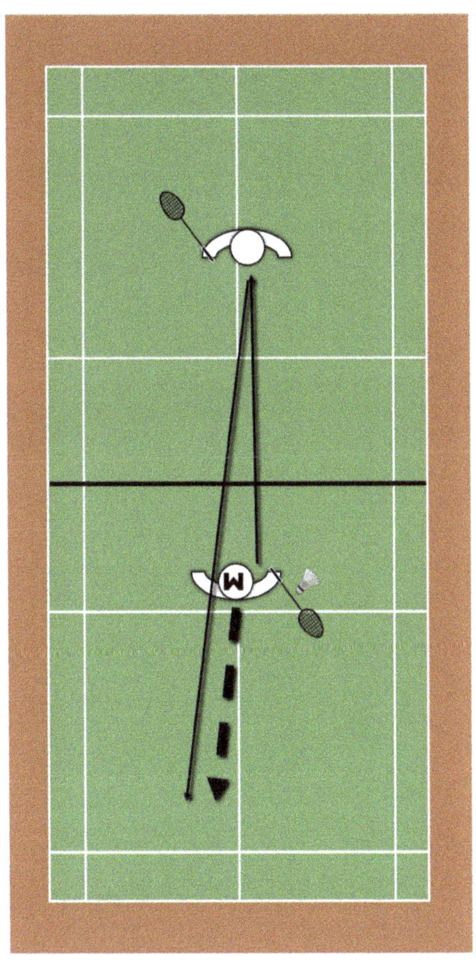

| Tarea Nº 46 | Objetivo | Mejora del revés |
|---|---|---|
| | Jugadores | 1+M |

## Explicación

El monitor cerca de la red y el jugador en el medio de la pista. El monitor golpeará en paralelo y el jugador tendrá que golpear de revés más cerca o más lejos de la red según si el monitor queda quieto o se aleja de la red.

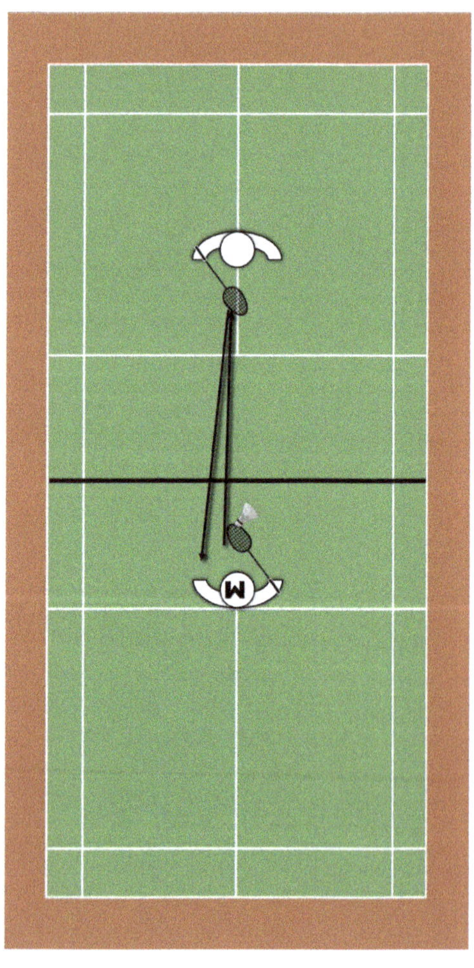

| Tarea Nº 47 | Objetivo | Mejora del drive |
|---|---|---|
| | Jugadores | 1+M |

## Explicación

El monitor cerca de la red y el jugador en el medio de la pista. El monitor golpeará en paralelo y el jugador tendrá que golpear de drive más cerca si el monitor se aleja o más lejos si el monitor se queda cerca.

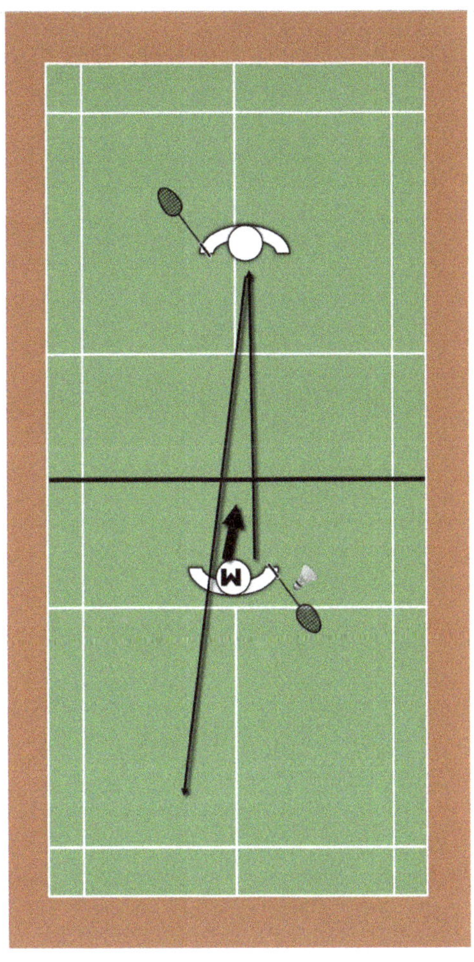

| Tarea N° 48 | Objetivo | Mejora del revés |
|---|---|---|
| | Jugadores | 1+M |

## Explicación

El monitor cerca de la red y el jugador en el medio de la pista. El monitor golpeará en paralelo y el jugador tendrá que golpear de revés más cerca de la red si el monitor se aleja o más lejos de la red si el monitor se queda cerca.

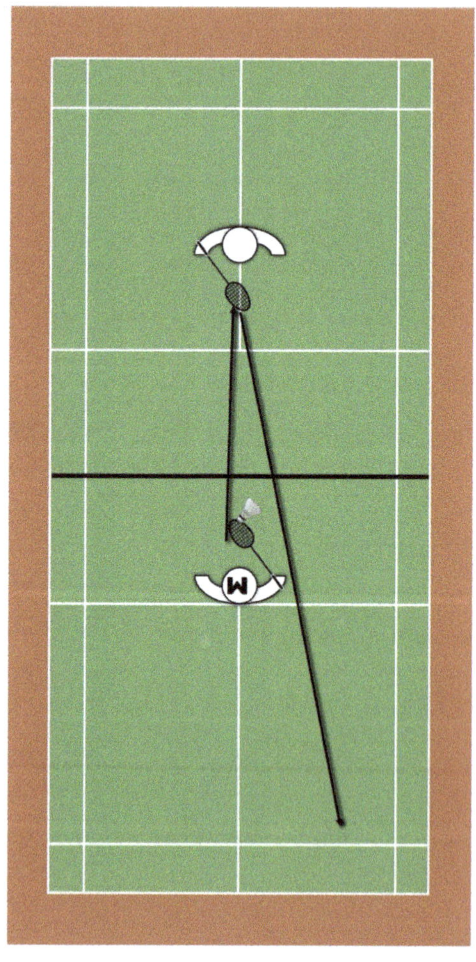

| Tarea Nº 49 | Objetivo | Mejora del drive |
|---|---|---|
| | Jugadores | 1+M |

## Explicación

El monitor y el jugador en el medio de la pista. El monitor golpeará y el jugador tendrá que ir a golpear de drive al lado al que se dirija el monitor.

| Tarea Nº 50 | Objetivo | Mejora del revés |
|---|---|---|
| | Jugadores | 1+M |

## Explicación

El monitor y el jugador en el medio de la pista. El monitor golpeará y el jugador tendrá que ir a golpear de revés al lado al que se dirija el monitor.

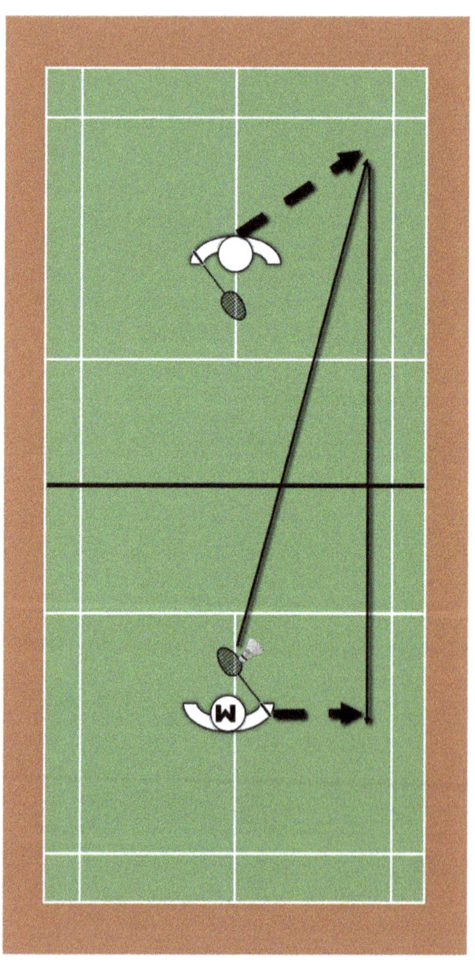

| Tarea N° 51 | Objetivo | Mejora del drive |
|---|---|---|
| | Jugadores | 1+M |

## Explicación

El monitor y el jugador desde el medio de la pista. El monitor golpeará y el jugador tendrá que ir a golpear de drive al lado contrario al que se dirija el monitor.

| Tarea Nº 52 | Objetivo | Mejora del revés |
|---|---|---|
| | Jugadores | 1+M |

## Explicación

El monitor y el jugador en el medio de la pista. El monitor golpeará y el jugador tendrá que ir a golpear de revés al lado al que se dirija el monitor.

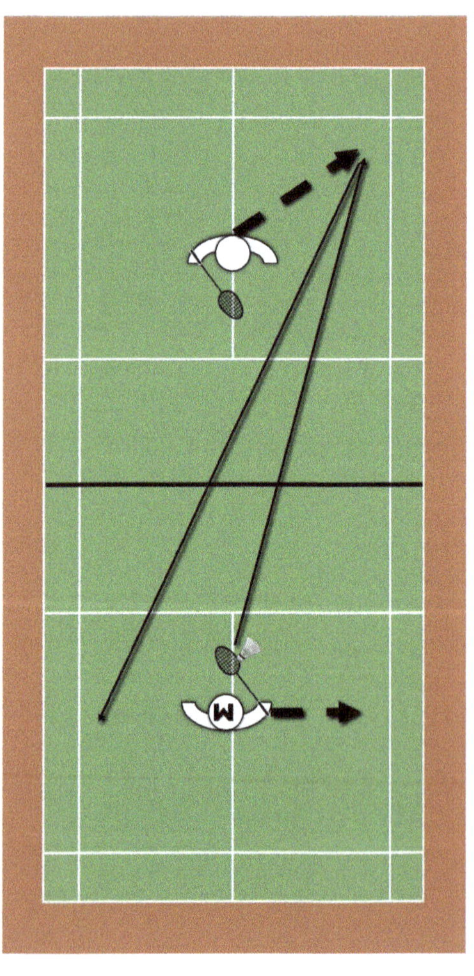

| Tarea Nº 53 | Objetivo | Mejora del drive |
|---|---|---|
| | Jugadores | 1+M |

## Explicación

El monitor y el jugador en el medio de la pista. El monitor golpeará y el jugador tendrá que ir a golpear de drive más cerca o más lejos de la red según si el monitor se acerca o se aleja.

| Tarea Nº 54 | Objetivo | Mejora del revés |
|---|---|---|
| | Jugadores | 1+M |

## Explicación

El monitor y el jugador en el medio de la pista. El monitor golpeará y el jugador tendrá que ir a golpear de revés más cerca o más lejos de la red según si el monitor se acerca o se aleja.

| Tarea Nº 55 | Objetivo | Mejora del drive |
|---|---|---|
| | Jugadores | 1+M |

## Explicación

El monitor y el jugador en el medio de la pista. El monitor golpeará y el jugador tendrá que ir a golpear de drive más cerca o más lejos de la red según lo contrario que haga el monitor.

| Tarea Nº 56 | Objetivo | Mejora del revés |
|---|---|---|
| | Jugadores | 1+M |

## Explicación

El monitor y el jugador desde el medio de la pista. El monitor golpeará y el jugador tendrá que ir a golpear de revés más cerca o más lejos de la red según lo contrario que haga el monitor.

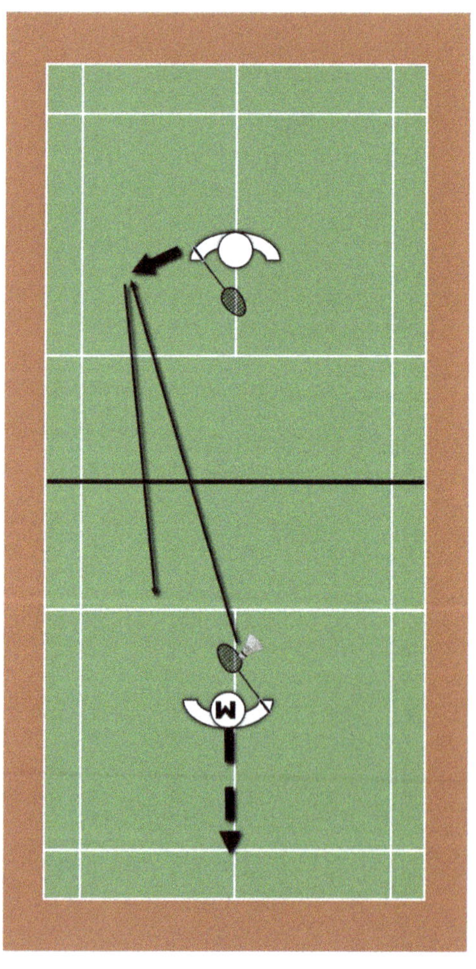

| Tarea Nº 57 | Objetivo | Mejora del drive |
|---|---|---|
| | **Jugadores** | **1+M** |

## Explicación

El monitor cerca de la red y el jugador en el medio de la pista. El monitor golpeará y el jugador tendrá que ir a golpear de drive al lado al que se dirija el monitor.

| Tarea Nº 58 | Objetivo | Mejora del revés |
|---|---|---|
| | Jugadores | 1+M |

## Explicación

El monitor cerca de la red y el jugador en el medio de la pista. El monitor golpeará y el jugador tendrá que ir a golpear de revés al lado que se dirija el monitor.

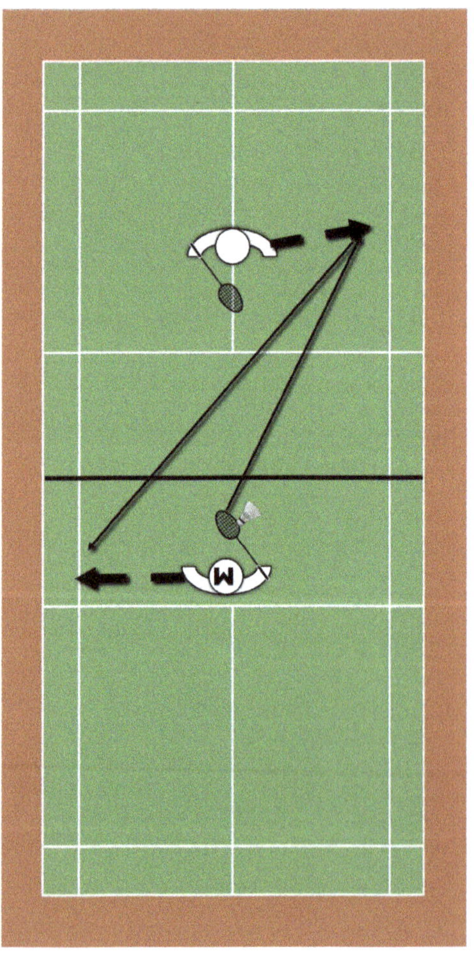

| Tarea N° 59 | Objetivo | Mejora del drive |
|---|---|---|
| | Jugadores | 1+M |

## Explicación

El monitor cerca de la red y el jugador en el medio de la pista. El monitor golpeará y el jugador tendrá que ir a golpear de drive al lado contrario al que se dirija el monitor.

| Tarea Nº 60 | Objetivo | Mejora del revés |
|---|---|---|
| | Jugadores | 1+M |

## Explicación

El monitor cerca de la red y el jugador en el medio de la pista . El monitor golpeará y el jugador tendrá que ir a golpear de revés al lado contrario al que se dirija el monitor.

| Tarea Nº 61 | Objetivo | Mejora del drive |
|---|---|---|
| | Jugadores | 1+M |

## Explicación

El monitor cerca de la red y el jugador en el medio de la pista. El monitor golpeará y el jugador tendrá que ir a golpear de drive más cerca o más lejos de la red según si el monitor se queda quieto o se aleja de la red.

| Tarea Nº 62 | Objetivo | Mejora del revés |
|---|---|---|
| | Jugadores | 1+M |

## Explicación

El monitor cerca de la red y el jugador en el medio de la pista. El monitor golpeará y el jugador tendrá que ir a golpear de revés más cerca o más lejos de la red según si el monitor queda quieto o se aleja de la red.

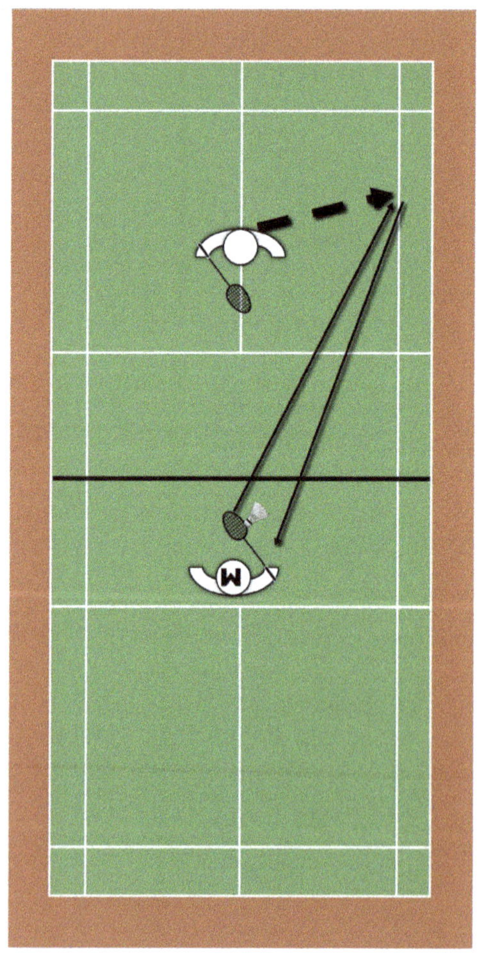

| Tarea Nº 63 | Objetivo | Mejora del drive |
|---|---|---|
| | Jugadores | 1+M |

## Explicación

El monitor cerca de la red y el jugador en el medio de la pista. El monitor golpeará y el jugador tendrá que ir a golpear de drive más cerca si el monitor se aleja o más lejos si el monitor se queda cerca.

| Tarea Nº 64 | Objetivo | Mejora del revés |
|---|---|---|
| | Jugadores | 1+M |

## Explicación

El monitor cerca de la red y el jugador en el medio de la pista. El monitor golpeará y el jugador tendrá que ir a golpear de revés más cerca de la red si el monitor se aleja o más lejos de la red si el monitor se queda cerca.

| Tarea Nº 65 | Objetivo | Mejora del drive y el remate |
|---|---|---|
| | Jugadores | 1+M |

## Explicación

El jugador realizará golpeos de drive en paralelo hacia el monitor hasta que el monitor le levante el volante de manera aleatoria y pueda rematar.

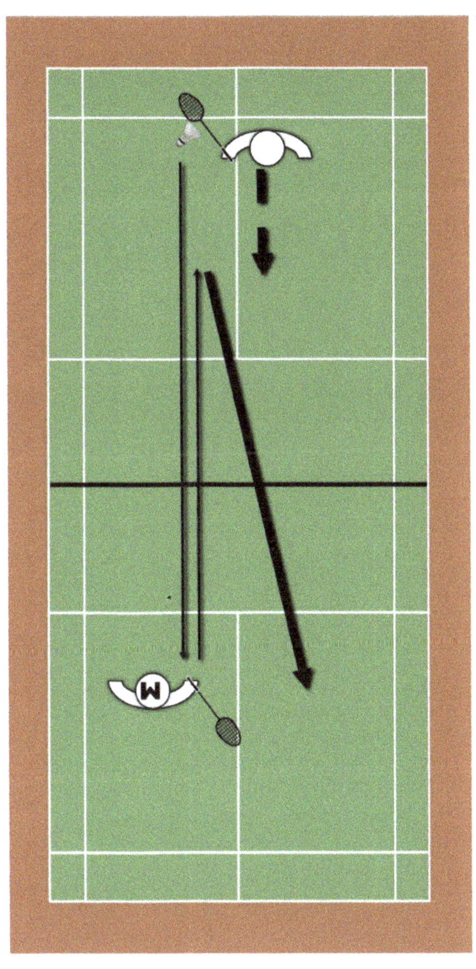

| Tarea Nº 66 | Objetivo | Mejora del drive y el remate |
|---|---|---|
| | Jugadores | 1+M |

## Explicación

El jugador realizará golpeos de drive hacia el monitor hasta que el monitor le levante el volante de manera aleatoria y pueda rematar.

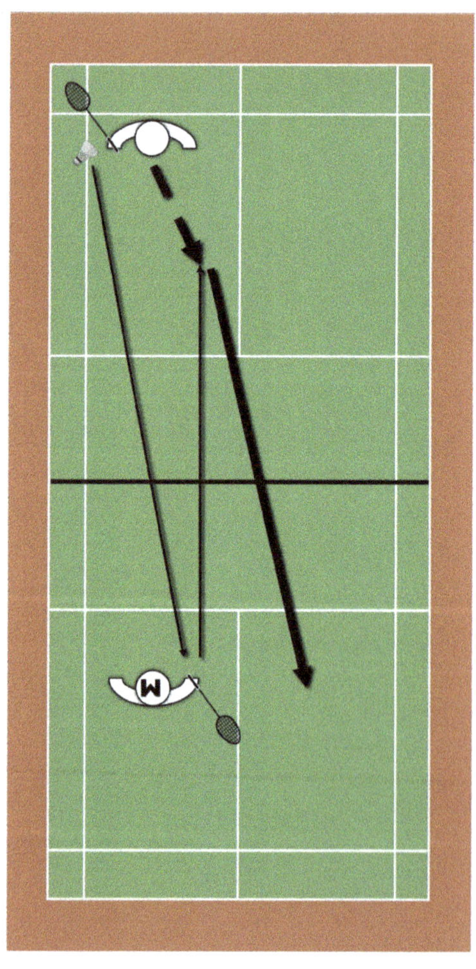

| Tarea Nº 67 | Objetivo | Mejora del revés y el remate |
|---|---|---|
| | Jugadores | 1+M |

## Explicación

El jugador realizará golpeos de revés en paralelo hacia el monitor hasta que el monitor le levante el volante de manera aleatoria y pueda rematar.

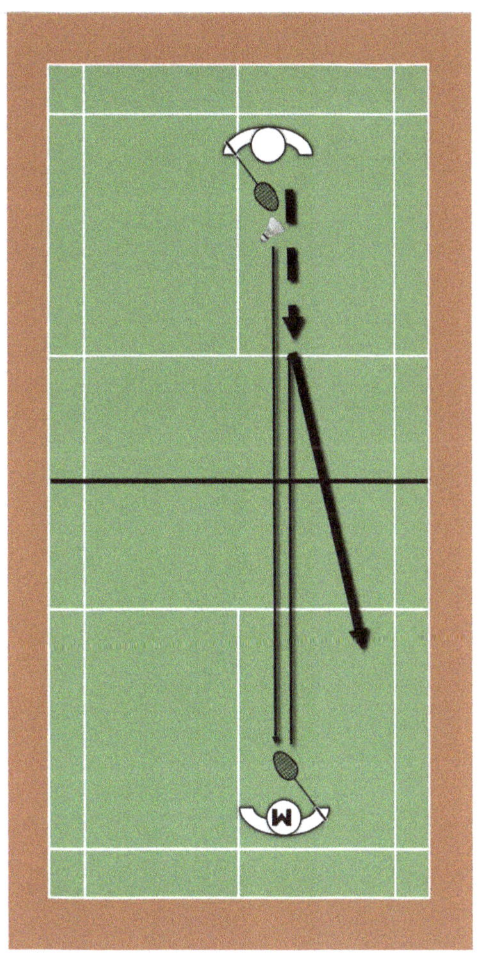

| Tarea Nº 68 | **Objetivo** | Mejora del revés y el remate |
|---|---|---|
| | **Jugadores** | **1+M** |

## Explicación

El jugador realizará golpeos de revés hacia el monitor hasta que el monitor le levante el volante de manera aleatoria y pueda rematar.

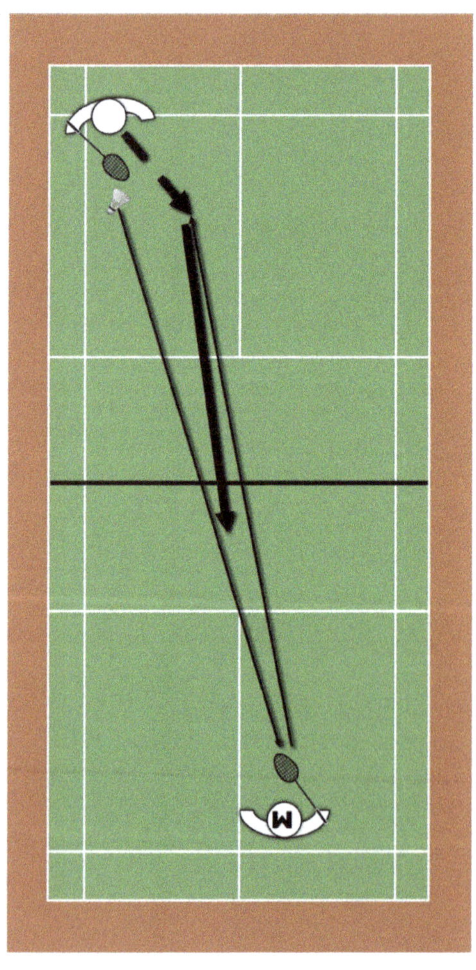

| Tarea Nº 69 | Objetivo | Mejora del remate |
|---|---|---|
| | **Jugadores** | **1+M** |

## Explicación

El jugador realizará golpeos cruzados hacia el monitor hasta que el monitor le levante el volante de manera aleatoria y pueda rematar.

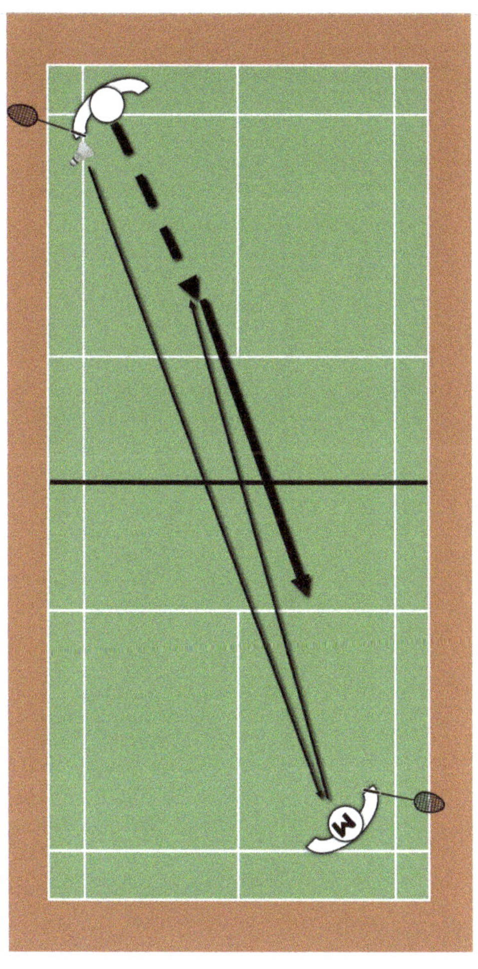

| Tarea Nº 70 | Objetivo | Mejora del remate |
|---|---|---|
| | Jugadores | 1+M |

## Explicación

El jugador intercambiará golpeos con el monitor hasta que el monitor le levante el volante y pueda rematar.

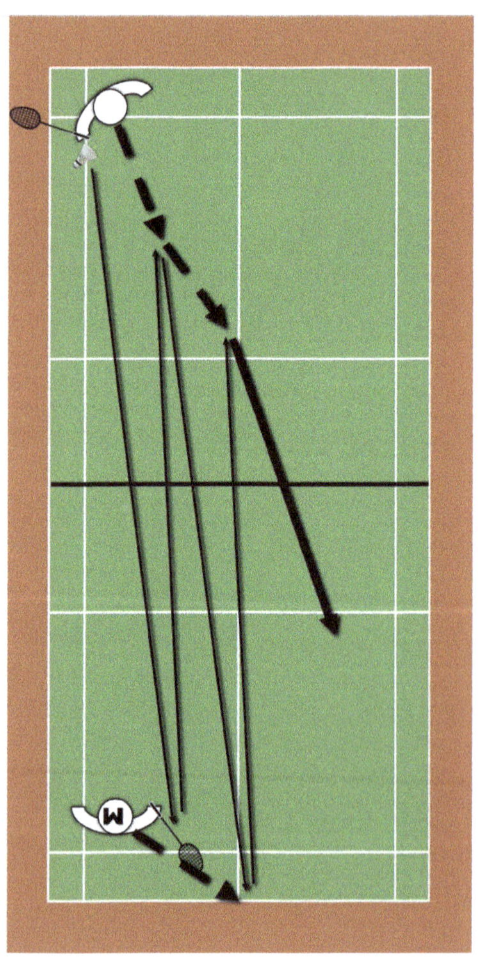

| Tarea N°71 | Objetivo | Mejora del drop |
| --- | --- | --- |
| | Jugadores | 2 |

## Explicación

Los dos jugadores golpearán desde el fondo de la pista hasta encontrar el mejor momento para golpear de drop y que el rival no pueda llegar.

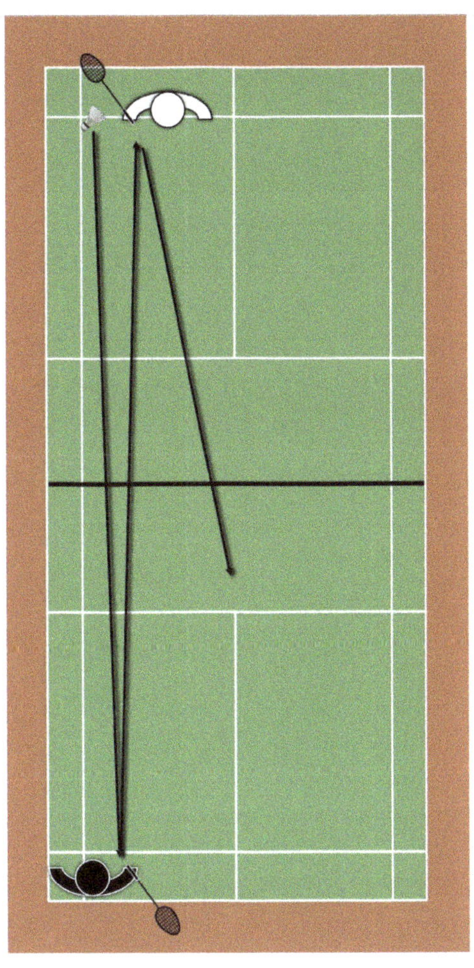

| Tarea Nº 72 | Objetivo | Mejora del revés y del drop |
|---|---|---|
| | Jugadores | 2 |

## Explicación

Los dos jugadores golpearán de revés desde el fondo de la pista hasta encontrar el mejor momento para golpear de drop y que el rival no pueda llegar.

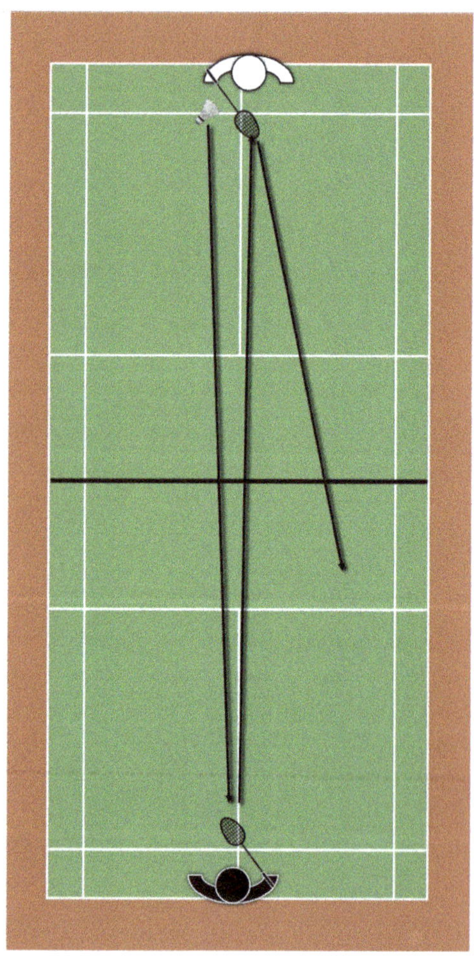

| Tarea Nº 73 | **Objetivo** | Mejora del drive y del drop |
|---|---|---|
| | **Jugadores** | **2** |

## Explicación

Los dos jugadores golpearán de drive desde el fondo de la pista hasta encontrar el mejor momento para golpear de drop y que el rival no pueda llegar.

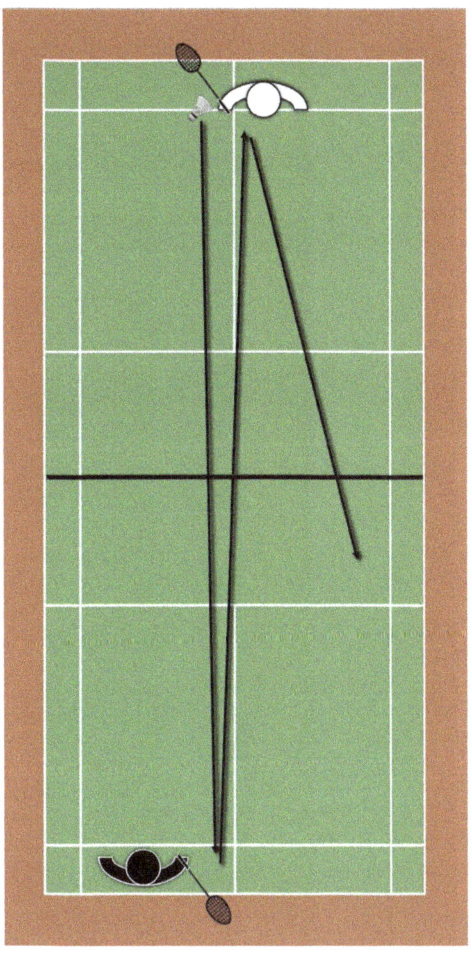

| Tarea Nº 74 | Objetivo | Mejora del drop |
|---|---|---|
| | Jugadores | 1+M |

## Explicación

El monitor y el jugador desde el fondo de la pista. El monitor golpeará hacia el jugador hasta hasta que le levante de manera aleatoria el volante y pueda golpear de drop.

| Tarea N° 75 | Objetivo | Mejora del drop |
|---|---|---|
| | Jugadores | 1+M |

## Explicación

El monitor en el fondo de la pista y el jugador en el centro. El monitor golpeará hacia el jugador hasta que levantarle de manera aleatoria el volante y pueda golpear de drop.

| Tarea Nº 76 | Objetivo | Mejora del drop |
|---|---|---|
| | Jugadores | 2 |

## Explicación

Los dos jugadores golpearán desde el centro de la pista hasta encontrar el mejor momento para golpear de drop y que el rival no pueda llegar.

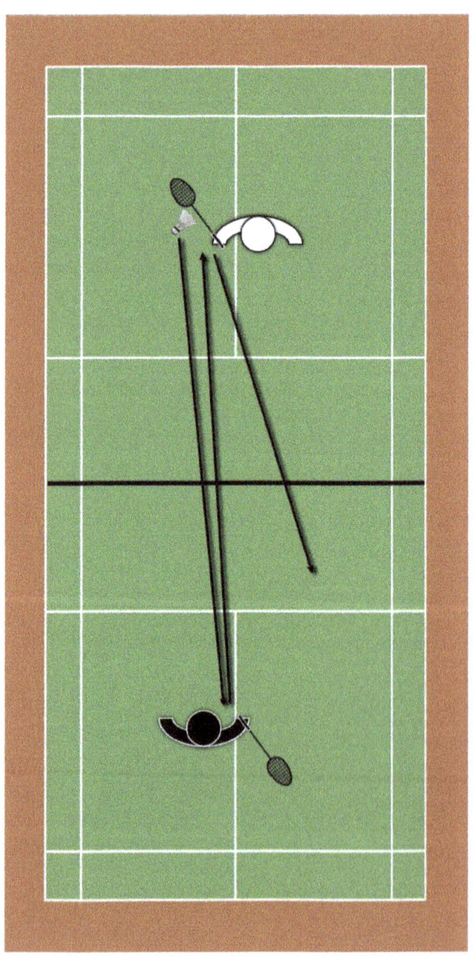

| Tarea N° 77 | Objetivo | Mejora del drive y del drop |
|---|---|---|
| | Jugadores | 2 |

## Explicación

Los dos jugadores irán a golpear de drive hasta encontrar el mejor momento para golpear de drop y que el rival no pueda llegar.

| Tarea Nº 78 | Objetivo | Mejora del revés y del drop |
|---|---|---|
| | Jugadores | 2 |

## Explicación

Los dos jugadores irán a golpear de revés hasta encontrar el mejor momento para golpear de drop y que el rival no pueda llegar.

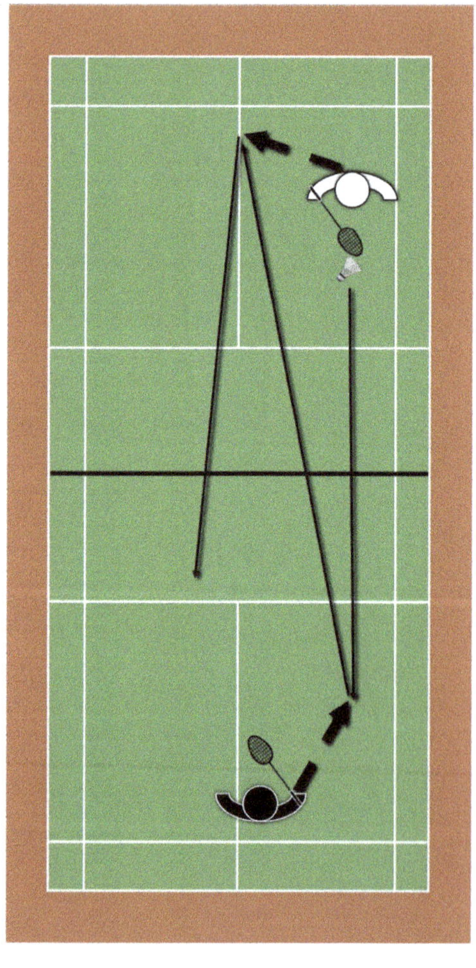

| Tarea N° 79 | Objetivo | Mejora del clear |
|---|---|---|
| | Jugadores | 2 |

## Explicación

El jugador desde el centro de la pista golpeará hacia la zona cercana a la red hasta encontrar el mejor momento para golpear de clear y que el rival no pueda llegar.

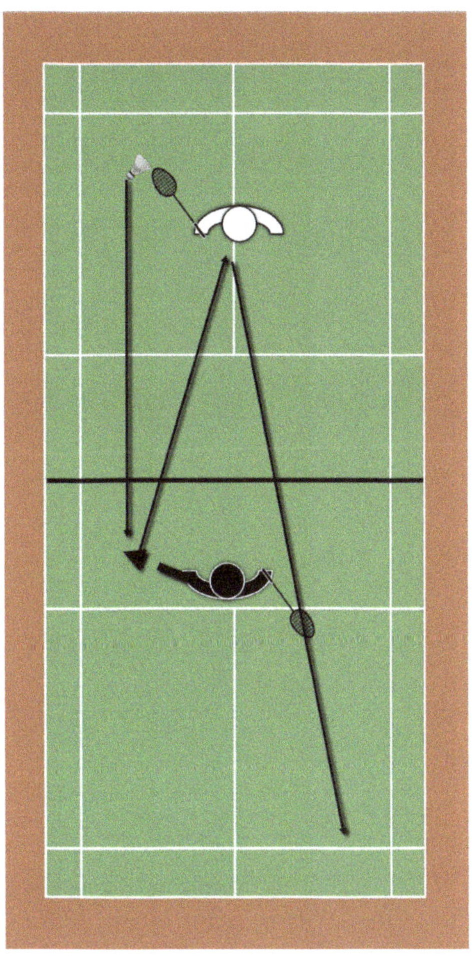

| Tarea Nº 80 | Objetivo | Mejora del clear |
|---|---|---|
| | Jugadores | 2 |

## Explicación

El jugador irá a golpear el volante hacia la zona cercana a la red del rival hasta encontrar el mejor momento para golpear de clear y que el rival no pueda llegar.

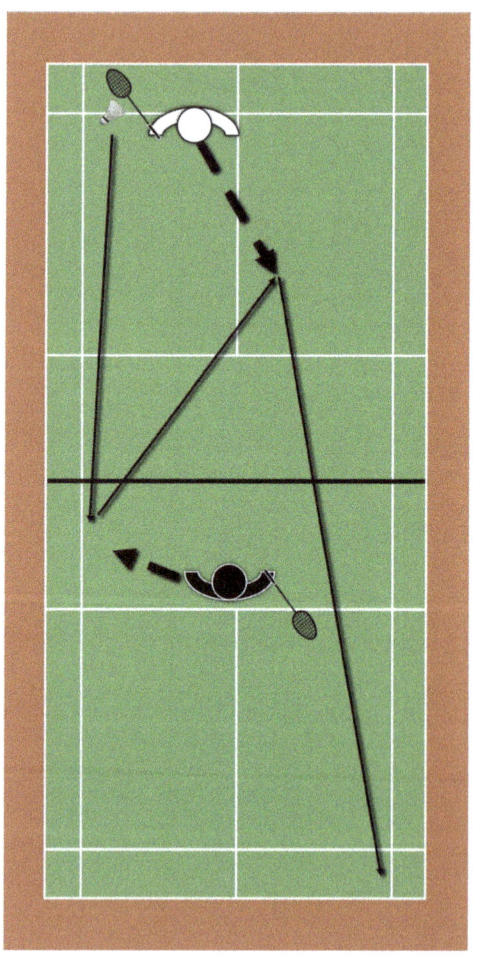

<table>
<tr><td rowspan="2">Tarea<br>N° 81</td><td>Objetivo</td><td>Mejora de la dejada</td></tr>
<tr><td>Jugadores</td><td>1+M</td></tr>
</table>

## Explicación

El monitor cerca de la red golpeará a distintos lugares de la pista y el jugador tendrá que devolver siempre de dejada (alta o baja).

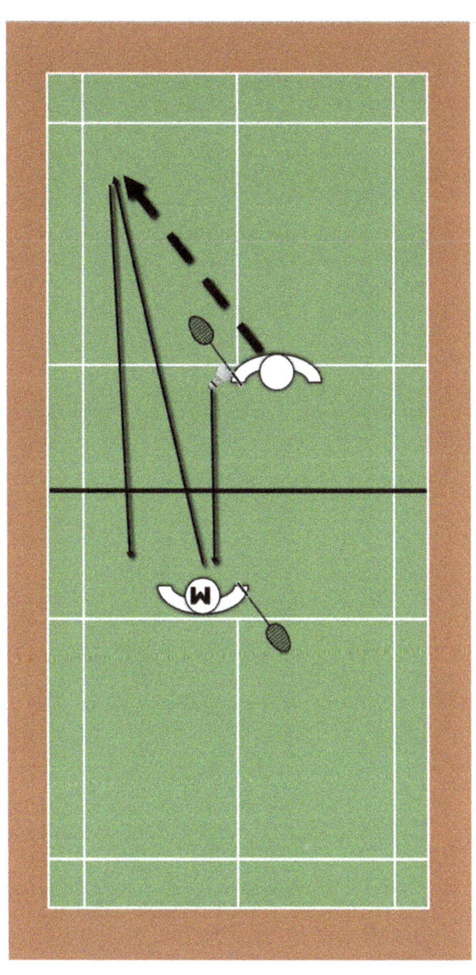

| Tarea Nº 82 | Objetivo | Mejora de la dejada |
|---|---|---|
| | Jugadores | 1+M |

## Explicación

El jugador y el monitor golpearán el volante libremente y cuando el monitor se vaya de manera aleatoria al fondo de la pista el jugador tendrá que realizar una dejada.

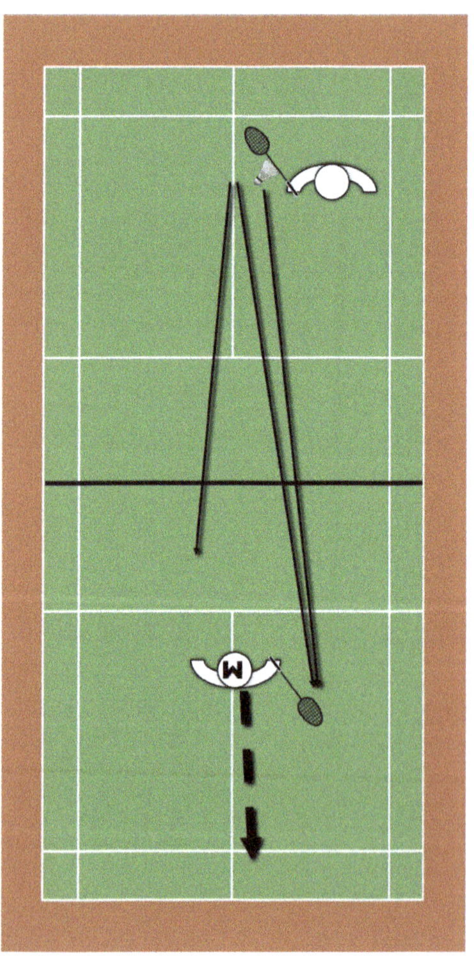

| Tarea Nº 83 | Objetivo | Mejora de la dejada |
|---|---|---|
| | Jugadores | 2 |

## Explicación

Los jugadores golpearán de lob hasta encontrar el momento oportuno para realizar una dejada.

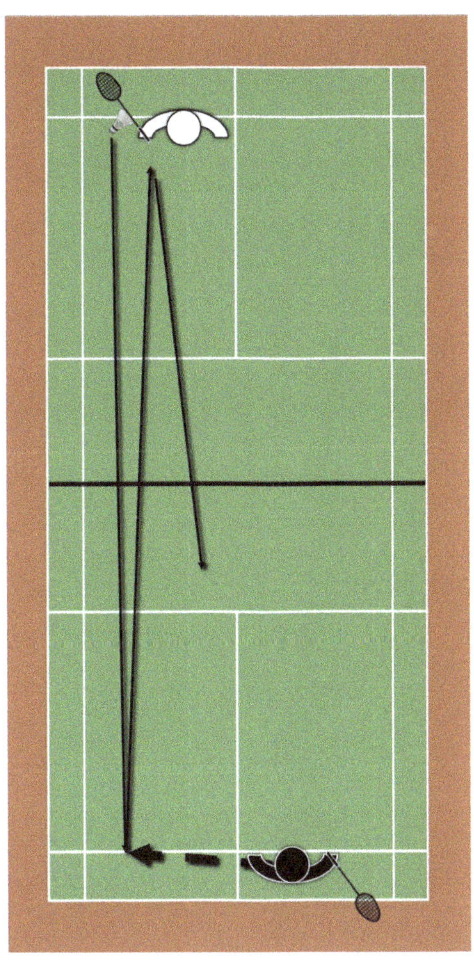

| Tarea N° 84 | Objetivo | Mejora de la dejada |
|---|---|---|
| | Jugadores | 2 |

## Explicación

Los jugadores golpearán de revés hasta encontrar el momento oportuno de realizar una dejada y que el rival no la pueda devolver.

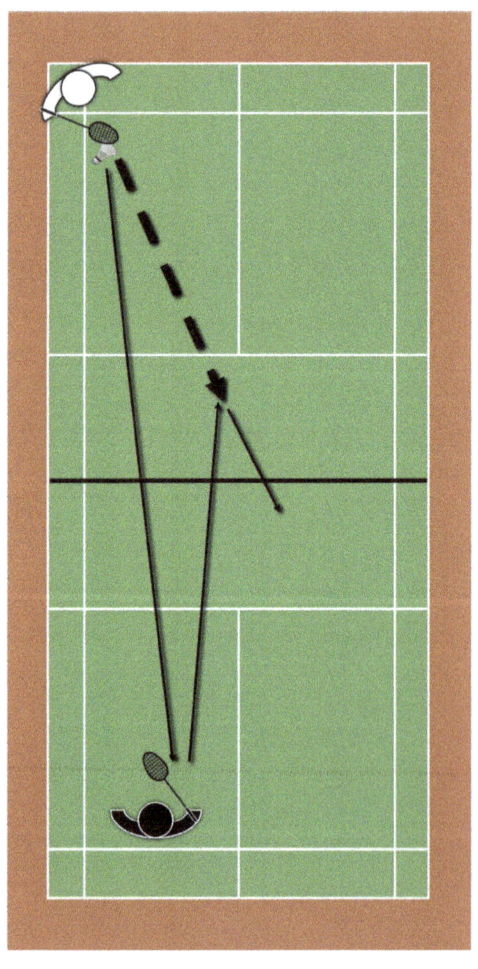

| Tarea Nº 85 | Objetivo | Mejora del drop |
|---|---|---|
| | Jugadores | 2 |

## Explicación

Los dos jugadores irán a golpear de revés hasta encontrar el mejor momento para golpear de drop y que el rival no pueda llegar.

| Tarea Nº 86 | Objetivo | Mejora de la dejada baja y del remate |
|---|---|---|
| | Jugadores | 1+M |

## Explicación

El monitor y el jugador cerca de la red golpearán de dejada baja hasta que el monitor levante el volante de manera aleatoria y el jugador pueda rematar.

| Tarea Nº 87 | Objetivo | Mejora del remate |
|---|---|---|
| | Jugadores | 2 |

## Explicación

Los jugadores golpearán de lob hasta encontrar el momento oportuno de rematar.

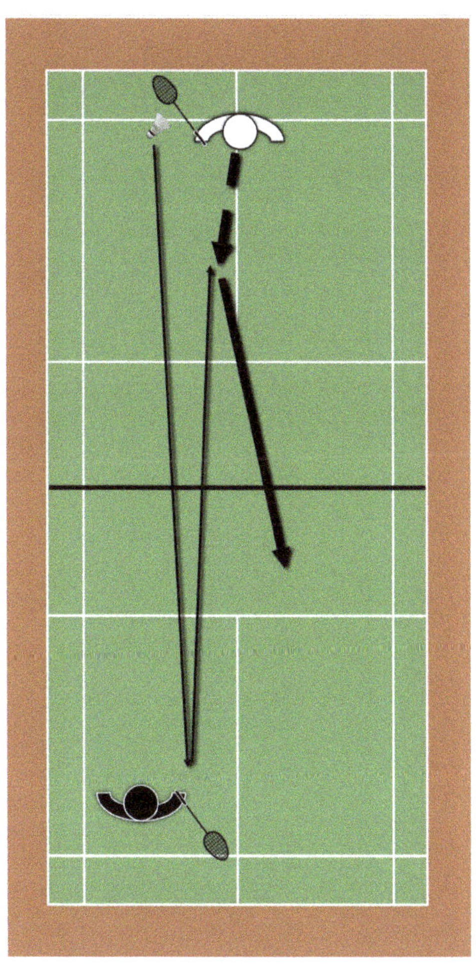

| Tarea Nº 88 | Objetivo | Mejora del lob |
|---|---|---|
| | Jugadores | 2 |

## Explicación

Los jugador cerca de la red golpearán de dejada baja hasta encontrar el momento oportuno para realizar un lob y que el contrario no pueda devolver el volante.

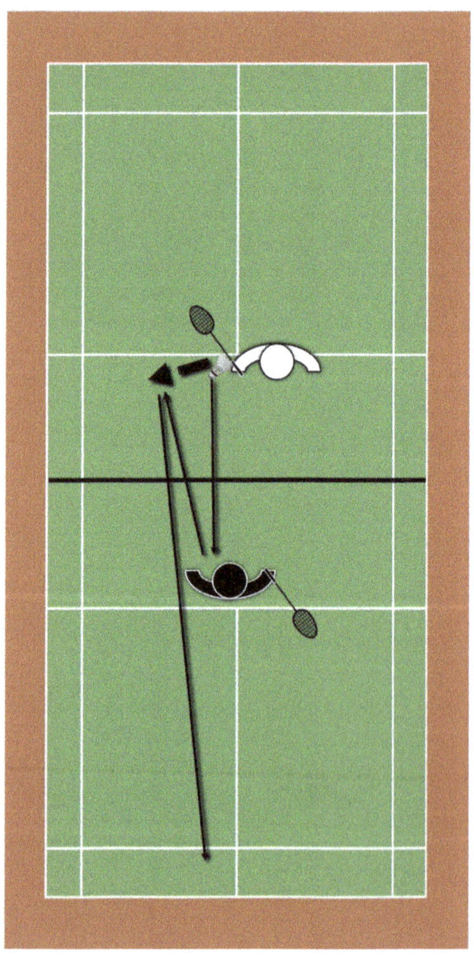

| Tarea Nº 89 | Objetivo | Mejora del lob |
|---|---|---|
| | Jugadores | 2 |

## Explicación

Los jugadores golpearán de drive hasta encontrar el momento oportuno de realizar un lob y que el contrario no lo pueda devolver.

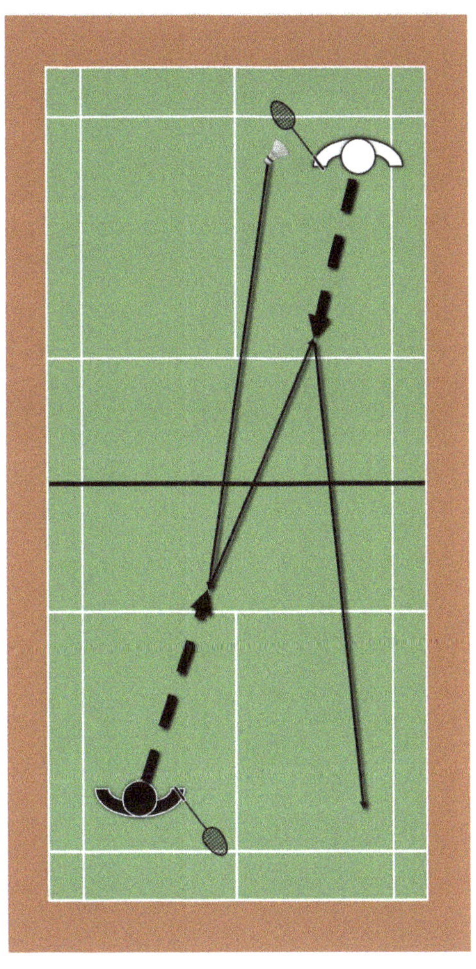

| Tarea Nº 90 | Objetivo | Mejora del lob |
|---|---|---|
| | Jugadores | 2 |

## Explicación

Los jugadores golpearán de revés hasta encontrar el momento oportuno de realizar un lob y que el contrario no lo pueda devolver.

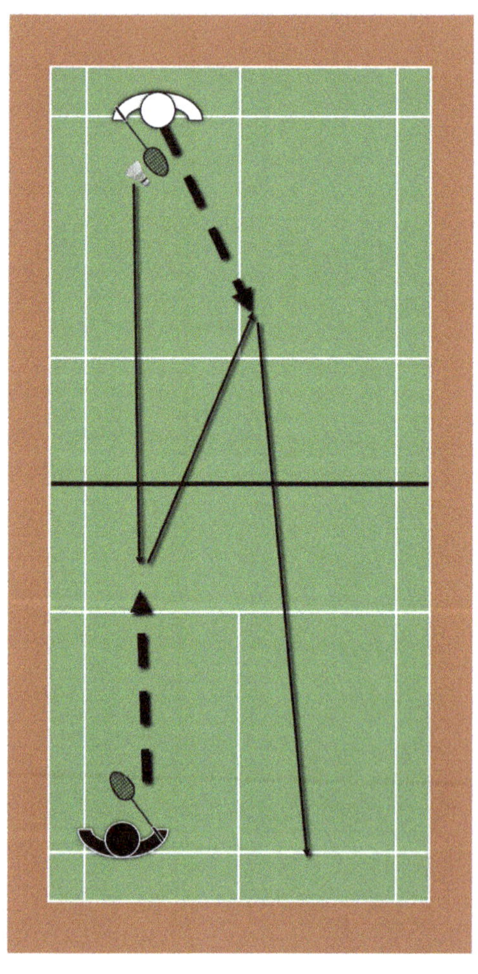

| Tarea Nº 91 | Objetivo | Mejora del lob |
|---|---|---|
| | Jugadores | 1+M |

## Explicación

El jugador y el monitor golpearán entre ellos de drive hasta que el monitor se acerque a la red de manera aleatoria y el jugador tendrá que golpear de lob.

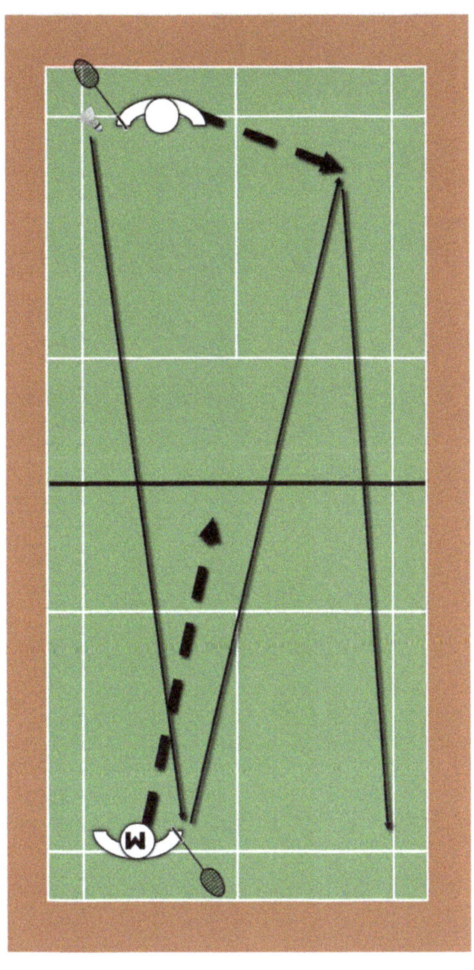

| Tarea Nº 92 | Objetivo | Mejora del lob |
|---|---|---|
| | Jugadores | 1+M |

## Explicación

El jugador y el monitor golpearán entre ellos de revés hasta que el monitor se acerque a la red de manera aleatoria y el jugador tendrá que golpear de lob.

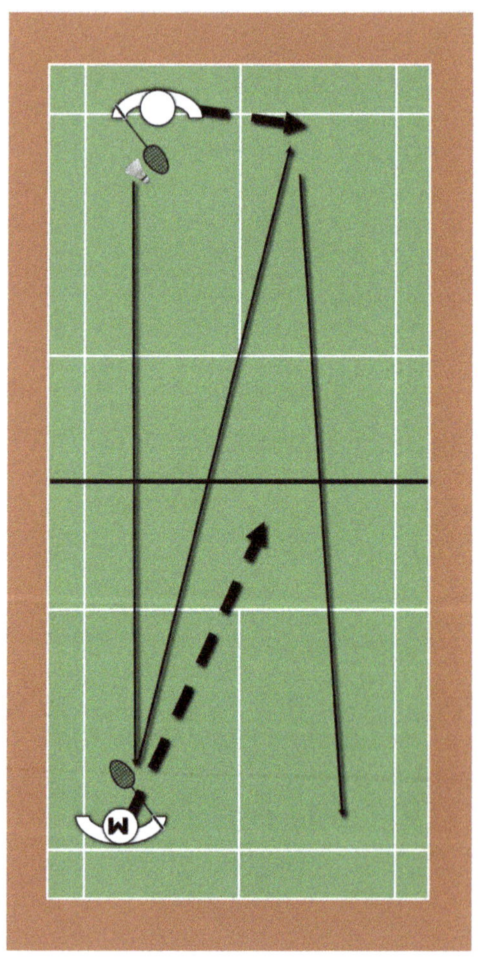

| Tarea Nº 93 | Objetivo | Mejora del drop |
|---|---|---|
| | Jugadores | 2 |

## Explicación

Los jugador desde el fondo de la pista golpearán de clear o de lob hasta encontrar el momento oportuno para realizar un drop y que el contrario no pueda devolver el volante.

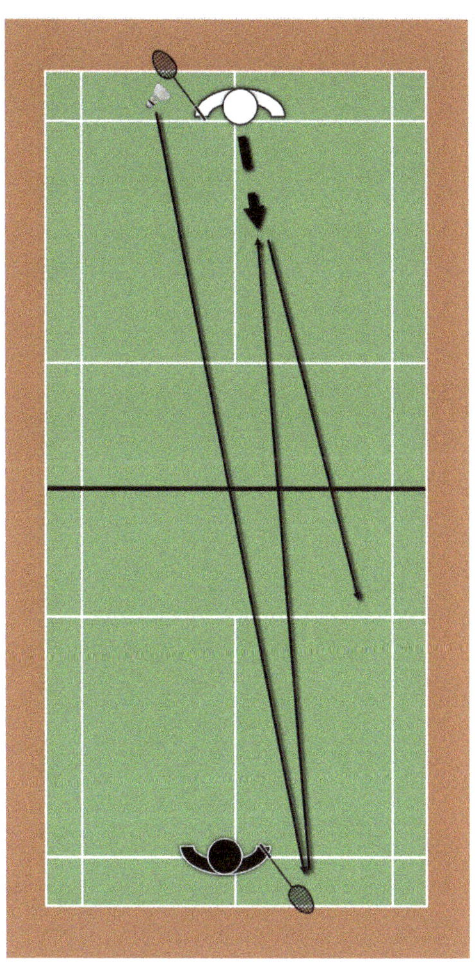

| Tarea Nº 94 | Objetivo | Mejora del golpeo |
|---|---|---|
| | Jugadores | 4 |

## Explicación

Los jugadores jugarán un partido y permanecerán en el cuadrado de la zona en la que golpeen hasta que el contrario golpee. Cuando lo haga, podrán desplazarse a otra zona para golpear.

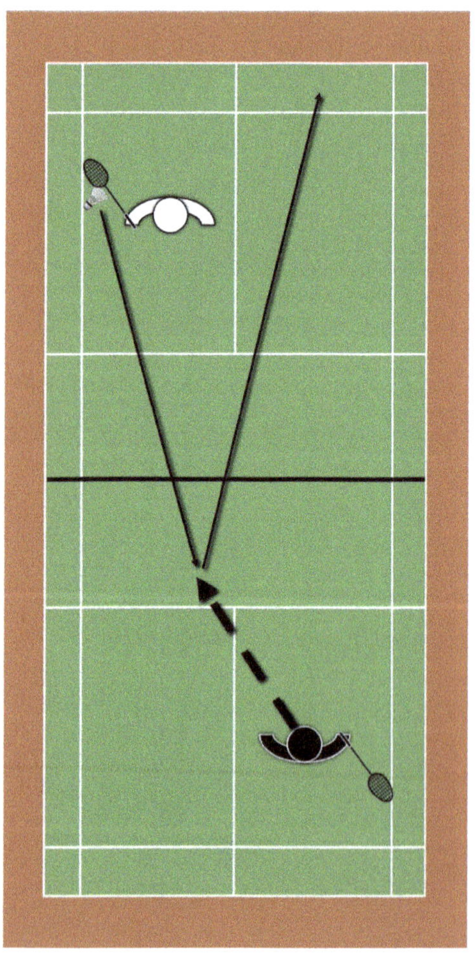

| Tarea N° 95 | Objetivo | Mejora del golpeo |
|---|---|---|
| | Jugadores | 4 |

## Explicación

Las parejas jugarán un partido. Cada jugador de cada pareja ocupará una de las zonas y la otra pareja deberá golpear hacia la zona que quede libre y tendrá que ir a golpear el jugador que esté en mejores condiciones para el golpeo.

| Tarea Nº 96 | Objetivo | Mejora del golpeo |
|---|---|---|
| | Jugadores | 4 |

## Explicación

Cada jugador de cada pareja ocupará o la zona delantera o la trasera, no pudiendo cambiarse ni ocupar la otra mientras juegan. El equipo contrario intentará anotar tantos complicándoles los golpeos.

| Tarea Nº 97 | Objetivo | Mejora del golpeo |
|---|---|---|
| | Jugadores | 4 |

## Explicación

Cada jugador de cada pareja ocupará o la zona derecha o la izquierda de la pista no pudiendo cambiarse ni ocupar la otra mitad mientras juegan. El equipo contrario intentará anotar tantos complicándoles los golpeos.

| Tarea N° 98 | Objetivo | Mejora del golpeo |
|---|---|---|
| | Jugadores | 4 |

## Explicación

Las parejas no podrán ocupar la zona del fondo de la cancha. El equipo contrario intentará anotar tantos complicándoles los golpeos e intentando golpear hacia la zona del fondo eligiendo el mejor golpeo.

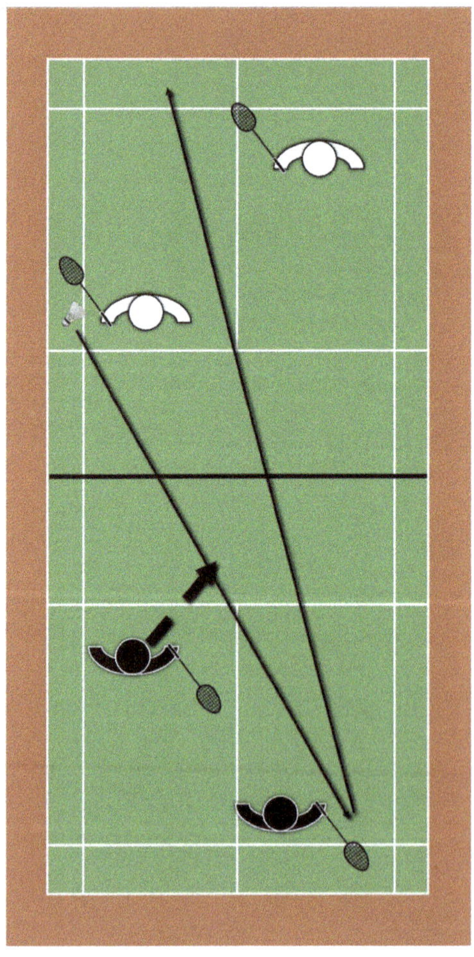

| Tarea Nº 99 | Objetivo | Mejora del golpeo |
|---|---|---|
| | Jugadores | 4 |

## Explicación

Jugarán un partido en el que las parejas tendrán que estar en la misma zona en el momento del golpeo y la pareja rival intentará enviar el volante a una de las otras zonas para que no puedan llegar.

| Tarea Nº 100 | Objetivo | Mejora del golpeo |
|---|---|---|
| | Jugadores | 4 |

## Explicación

Jugarán un partido en el que las parejas tendrán que quedarse en la misma mitad en la que golpeen (los dos juntos) y la pareja rival intentará enviar el volante a la otra mitad para que no puedan llegar.

# BIBLIOGRAFÍA


- Alarcón, F.; Cárdenas, D.; Clemente, V.; Collado, J. A. (Coord.); Guillén, J. C.; Jiménez, M.; Lázaro J.; Mercadé, O.; Ardoy, D. N.; Rivilla, I. y Sánchez, M. (2018): *Neurociencia, deporte y educación.* Editorial Wanceulen.
- Ballarini, F. (2016): *REC: ¿Por qué recordamos lo que recordamos y olvidamos lo que olvidamos?* Editorial Debate.
- Bargh, J. (2018): *¿Por qué hacemos lo que hacemos?: el poder del inconsciente.* Editorial Ediciones B.
- Caballero, M. (2017): *Neuroeducación de profesores y para profesores: De profesor a maestro de cabecera.* Editorial Ediciones Pirámide.
- Crespo García, Manuel J. (2019): *Neurociencia aplicada al fútbol. Propuesta práctica.* Editorial Wanceulen.
- Espar, Xesco (2010): *Jugar con el corazón: La excelencia no es suficiente.* Plataforma Editorial.
- Fradua, Luis (1997): *La visión periférica del futbolista.* Editorial Paidotribo.
- Garganta, J. y Pinto, J. en Graça, A. y Oliveira, J. (1997): *La enseñanza de los juegos Deportivos.* Editorial Paidotribo.
- Jackson, Phil (2014): *Once anillos.* Editorial Roca.
- Jozami, Silvina (2019): *Potenciando tu mente deportiva. Neurociencia simple para transforma el rendimiento deportivo.* Editorial Caligrama.
- Marí, Pep (2011): Aprender de los campeones. Plataforma Editorial.
- Marí, Pep (2019): *Equipos campeones: Como convertir un buen equipo en uno mucho mejor*. Editorial Plataforma Impresa.
- Mora, F. (2014): *¿Cómo funciona el cerebro?* Alianza editorial.
- Mora, F. (2017): *Neuroeducación: sólo se puede aprender de aquello que se ama.* Alianza editorial.

- Navarro Valdivieso, F.; González Ravé, J. M. y Pablos Abella, C. (2014): *Entrenamiento Deportivo. Teoría y Práctica.* Editorial Médica Panamericana.
- Pérez, Marcial (2019): *Mente Deportiva: Entrenar el cerebro para extender los límites del rendimiento.* Autoría Editorial.
- Revuelta Candón, Amalia (2016): *El cerebro decide.* Editorial Fútbol Táctico.
- Tamorri, Stéfano (2004): *Neurociencias y deporte. Psicología deportiva. Procesos mentales del atleta*. Editorial Paidotribo.